讓日常生活中慣用的頑固語氣，蛻變成散發清香的好話妙語。

改善對話盲點，遠離情緒風暴，

使親子夫妻和諧知心、人際溝通順暢加分，

絕對實用、效果滿分的幸福人生必懂說話訣竅！

房延注 방연주——著

馮燕珠——譯

作者序

為什麼關係越親近，說話越隨便？

「帶給我最多傷害的人是誰？」

曾有一項問卷調查，以成年人與青少年為對象提出這樣的問題。調查結果顯示，成年人認為傷害自己最多的是配偶，而青少年的首位是媽媽，第二名則是爸爸。

由這個調查可以得出很諷刺的結論：言語帶給我們的溫度，往往與情感的深度成反比，關係越親近反而越容易隨便說話。我們會對陌生人竭力尊重、表達關懷，說出有分寸和格調的言談，甚至就算面對讓自己感覺不舒服的人也會保持禮貌，努力使用肯定的語氣。相反地，對待家人或親近同事和熟識朋友，卻時常毫不掩飾地表露情緒，脫口而出尖銳、否定的語氣。為什麼會這樣呢？

我自己也不例外。身為人妻，同時也是二個孩子的媽媽，常常以我是被時間追著跑的職業婦女身分為藉口，在告訴孩子們何謂「正確」（態度）之前，更急於要求他們要「快速」（服從），在這樣緊迫的情況下說出的話自然夾雜著情緒，習慣使用未經過濾的言詞，並且帶著怒氣，以不耐煩的聲音催促。

因為這些人總是在自己身邊，關係無比親近，卻忘了他們有多珍貴。

「媽媽，妳不是答應我們，搬到新家之後就不會常常發脾氣了？」

「對喲，媽媽那樣說過沒錯。」

我像平常一樣，總是在孩子們屁股後面催促他們要這樣做、不要那樣做時，兒子卻冷不防突然提醒我幾個月前的公開承諾，女兒好像一直等著這句似的馬上附和，一旁的丈夫拋出最後一擊：

「你們相信媽媽說的話嗎？」

對於指責媽媽時不時高聲斥責的孩子們，我感到很慚愧；而從一開始就不相信我的丈夫，更是讓我心痛。

「對不起，媽媽沒有遵守約定。媽媽自己也不想亂發脾氣，所以再一次答應你們，也拜託你們一起幫忙，這次我一定會遵守約定。」

就這樣，我開始了「改變語氣挑戰計畫」。我下定決心拋棄毫無正面效果的消極性語氣，轉而多使用能夠打動他人內心、充滿活力的建設性語氣——那是肯定的話語，是有生命力的話語，也是讓不可能成為可能的有力話語。我絕對要放棄破壞性和讓人感到挫折的負向語氣，改為多多使用正向肯定的話氣。

後來的一切事實證明，話語具有改變心靈與態度的驚人力量。我深深體會到，樂觀、正向的語氣不僅能為我和家人、珍貴的人們帶來幸福的每一天，還能讓生活中習以為常的關係找回最初的心動，是確實朝向曾經遺忘之夢邁進的最簡單方法。

這本書可說是一本「錯誤答案筆記」，給身陷日常忙亂中、忽略了自己時常口出否定語氣的人；也是一本「好語氣要點筆記」，給已有自覺每天至少說一句正能量積極話語的人。在上班途中或午餐時間，哪怕只是翻閱十分鐘也非常有用，若想到任何正向佳句，就隨手寫在本書筆記頁或手機備忘裡，並將之實踐在生活中。在閱讀內容時，若你想起了某人，不要猶豫，在今天結束之前聯繫對方吧！你可以先與鏡子裡的自己對話練習，使用跟以前完全不同的表達方式，習慣稱讚、給予共鳴、承認錯誤、用肯定的語氣說出每一句話。

希望轉換語氣改變人生的奇蹟，也會發生在你的身上。

房延注

專文

用大腦喜歡的方式說話

臺大醫院精神醫學部職能治療師　柯瑋婷

本書作者將自己對於語言的運用認識，及如何應用語言來創造支持的職場及家庭環境，書寫得相當仔細與實用。與作者一樣，我也在醫院工作。幸運的是，我是精神科從業人員，讓我很早就明白說話的重要性。尤其工作上我經常面對罹患憂鬱症的患者，他們對於情緒及相關的字詞相當敏感。然而大部分的家屬在安慰患者時，都會採取「你就不要想太多」「不要擔心」的方式，這與作者在書中「請用大腦喜歡的方式搭話」一節的描述不謀而合；空泛的安慰是無用的，還可能造成反效果，讓患者更加關注在擔心的事情上。

我有一個年輕、聰明的女性憂鬱症病患，在父母鼓勵下通過考試並任職於公家機關，結果不到半年，她就向父母提出離職的要求。我印象很深的是她問我：「柯治療師，如果我家不缺錢，我是不是就可以不用工作了？」這句話要是對父母說，我想八成以上的父母會暴跳如雷吧！但我並不是她的父母，所以我誠實地說了：「是。」但我再問她：「妳認為父母是因為要妳賺錢才叫妳去工作嗎？」她安靜了一下才回答：「我從來沒想過這個問題。」接下來我花了一些時間陪她釐清父母為什麼需要她去工作，以及父母對於她的期待是什麼。

這位患者的憂鬱成因之一可能來自於父母沒有花時間讓她了解這些要求背後的目的，正如書中提到的「我的語氣會成為子女的語氣」，父母無法好好地對子女說話而只有一味要求，反過來，子女也會一味的拒絕，不去考慮父母為什這麼做。由這個案例我們可以知道，提供孩子良好的教育及財富對子女的人生有所幫助，但父母親良好的說話方式及語氣，更是孩子寶貴的資產，能真正幫助孩子邁向美滿和諧的人生。

每天，我們都會跟很多人說話，但每一次都有好好說話嗎？不利溝通的特質會讓人失去主動性、變得沮喪跟憂鬱，甚至陷入惡性循環。呼應本書的觀點，以下是我經常觀察到的不利特質：

首先，憑藉習慣來說話，例如語調、情緒、用詞、語速等。這可能會讓表達的品質下降，尤其是對方對你不熟悉時，更容易造成誤解。

第二、在說話的時候，不太關注聽者的感受或理解程度。這讓他人覺得你是獨斷、以自我為中心的人。

第三、面對他人的疑問或要求時，容易將他人的疑問或要求視為帶有惡意或具貶意的，這不利於團隊合作與理解他人對自己的期待，可能會讓自己在團體邊緣化。最後，習慣怪罪他人、事件或特定環境因素，長久下來會讓自己變得固執、不易往好的方向變化。

若能善用書中的好的說話方式，就像是讓自己在一個正向循環的環境中成長，周圍環境自會成為幫助自我達成理想與和諧人生的助力！

目錄

第1章 改變語氣大挑戰

第4章
我的語氣將來會成為孩子的語氣

第5章
跟子女對話的五個方法

第一章

改變語氣大挑戰

我任職於軍中，當了二十年的醫護人員，大家都叫我「房少校」，目前擔任韓國國軍首都醫院企畫總管軍官，每天面對的對象有：為了恢復健康而戰勝各種艱難治療的患者、為了幫助患者而盡全力的同事，以及因工作關係接觸的各領域專業人士，像是因公結緣一直維持關係的朋友。而在家裡，當然還有我深愛的女兒、兒子和丈夫。

這個關係網路就是我日常生活的世界。

我想在這個關係網路裡製造一道小小的漣漪，只因我衷心認為自己的人生幸福與否，大大取決於與他們的關係，而這道小小的漣漪就是——「改變語氣」。

改變語氣就從看似微不足道的細節做起

電視節目中，有個人在七年間損失了一百五十億韓元的資產，他正視自己一直以來的生活方法不對，於是決心徹底改變。「到目前為止，我的人生成功少、失敗多。必須先改變這個結構，放棄以前認為瑣碎、微不足道的想法，每天從小事開始做起，從小處體驗成功。我要為只屬於這一瞬間的成功而活。」於是他日日不斷地累積小小的成功經驗，把每一天都當作是成功的盛宴。就這樣，他的生活中開始充滿了成功，也展開了自己想要的人生。這是電視節目《改變世界的十五分鐘》第八百七十二集，分享人生經驗的線上教育企業「Yanadoo」金民哲代表的故事。他把自己的成功方法命名為「百分百成功法」。

聽了他的故事，我也不自覺握緊了手心，回想自己一直以來雖然嘗試了很多挑戰，卻幾乎每一次都半途而廢。我下定決心學習金民哲代表，為自己想要的改變起了個名字，就叫「百分百成功的改變語氣計畫」。為了過更好的生活、更幸福的生活、更像我想要的生活，我一定要做到！

過往，與孩子們相處的時間越長，我的聲音在不知不覺中就越來越大，但大聲說話的效果可以持續多久？當孩子們進入青春期後，或許會覺得從我口中發出的聲音全是刺耳的噪音，再也不想跟媽媽對話，一想到此，便讓我省悟必須改掉錯誤的說話壞習慣。

一開始，我立下目標——「不要對孩子大聲咆哮」，祈禱自己「能擁有溫柔的心」，但卻老是失敗，常常順利度過了九次難關，卻偏偏在最後一刻堅持不住，從口中爆出高聲叫喊，事過境遷後又只能自責「自己是個沒用的媽媽」。

大聲叫喊代表我失去了自制力，為了控制容易提高音量的習慣，我把執行方式列點如下：

❶首先，大大地深呼吸。

❷在心中慢慢地，從一默唸到十。

❸喝一杯冷開水。

❹好好看著孩子的眼睛。
❺低聲但用堅定的語氣說話。
❻使用「我」來傳達意思（例：如果你不回答，媽媽會有不受尊重的感覺）。
❼透過提問讓孩子自己決定並回答（不要使用指責的口吻，也不要用『喂、你』來稱呼孩子，要叫他的名字）。

從小的地方做起，成功的機率也會提高，就算失敗了也不至於太灰心喪志，相對地，為了不讓下一次失敗，反而更容易思考應該從什麼地方改進，並按照階段行動，反覆進行，自然而然讓身體熟悉操作。這個成功經驗對我來說是一個重要的起點，無數次的小成功讓我產生了許多自信。

✦召喚幸福的轉換語氣計畫✦

不管你能做什麼或夢想什麼，現在就開始，因為在開始的勇氣中，蘊含了天賦、力量與魔力。

——歌德（Göthe）

我以「不大聲咆哮」的成功經驗為基礎，立下用語氣改變生活的計畫。在建立這個計畫的同時，我也設下原則，不刻意另外安排時間，而是要從日常中練習。

想要額外抽出時間來特意練習改變語氣很困難，但如果將每天的日常生活按情況分門別類，就可以進行實戰演練。每一次轉換場合、與不同的人見面時，都當作是一次重新開始，這樣就能有效地投入執行，效果也會很好。

例如早晨出門上班這段路程，就可以立下小小具體的實踐目標：

「問候一同等待電梯的人，積極地（向對方）提出後續提問。」

「向上班途中第一個見面的人開心笑著打招呼、談論天氣。」

只要改變打招呼的語氣，就一定能感受到對方親切的情緒。每天在打開門之前，請決定好今天的目標，進行挑戰。以下分享我為了改變語氣而制定的目標。

我的語氣轉換目標（依一日時間順序）

晨起、吃早餐

以正向的祈禱做為一天的開始。
用「謝謝、幸福、感恩、我愛你」等話語喚醒孩子。

問候

使用帶有祝福的祈禱和肯定的語氣。
每天都用不同的問候語向警衛打招呼。
與在電梯裡遇見的人進行簡短的交談，
注意並稱讚對方的穿著、髮型等變化。

上下班（開車）

在只有自己的空間裡練習發聲、說話的速度和發音。
練習微笑。

業務匯報（對主管）

先講結論。
調整說話的速度，強調重點。
即時、適當的報告，讓主管感覺受到尊重。

會議中

使用演繹法表達*。
話尾不要含糊不清。
加上數據增強說服力。
以「還有」代替「但是」，傳達肯定的意象。
在用詞上要顧慮到對方。
透過傾聽提出核心問題。

指示、要求協助

先向對方表達感謝或稱讚。
明確告知期限。
清楚說明請託事項的背景、目的。
提出二、三個建議以供選擇。

---

* 以客觀已知的認知或事實為依據，層層推論的方法。

拒絕時

用「三明治說話術」拒絕。（見本書 216 頁）
拒絕的同時也要提出替代建議。
拒絕後要表達遺憾之意。

通電話

在談論正題前先打招呼問候。

午餐時間

在輕鬆閒聊中獲取對方的近況。
多談論新鮮、多樣的話題。
不講他人閒話，如果發現聊天內容開始出現關於第三人的評論時，就適時以稱讚結束與對方的話題。

下班前

肯定今日的努力。
若得到他人幫助要具體說出來並傳達感謝。
留下讓人意猶未盡的溫暖問候。

與子女對話

要成為氣氛製造者。
專心傾聽孩子的話，附和並給予肯定。
每天定一個以上的主題，
用 1—1—3—1 對話法進行對話。
經常意見不同的問題就透過家庭會議制定規則。
以夢想和未來為主題進行對話。
為孩子唸書時，發音要準確、清晰。

洗澡、散步

用腹式呼吸法平心靜氣。
用肯定的語氣跟自己對話。

夫妻間的對話

提出要求前先稱讚對方。
適時附和並傾聽。
做了不對的事要立刻道歉。

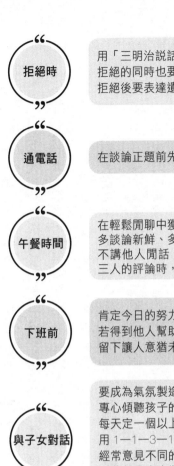

改變口氣並不難，但也絕不是非常簡單的事，這是任何人都能做，卻也可能是很多人無法達成的挑戰。雖然只要改變自己就可以，但並非下定決心就能成功。失敗的機率很高，會讓很多人自我合理化，最後連開始第一步都沒踏出去。

和陌生人進行自然的對話很難，如果並非出於本意地發生爭執，可能會一整天腦子裡都在想著那個衝突，甚至糾結到無法入睡，只因為無法再開口表達內心想法。每個人都希望「建立圓滿的人際關係」「成為讓別人有好印象的人」，但只光憑茫然的「希望」很難做到。如果你也是一直都只抱持著「想做……」的人，那麼現在是時候改變方法了。

不要把目標聚焦在「自我挑戰」這個大範圍上，應該盡量從看似微不足道的小地方設定目標。目標越小、越實際，成功的機率就越高。

放棄冗長抽象的大藍圖，細分為簡潔、具體、可實現的目標，畫出能「百分之百成功的設計圖」。為了實現夢想，也不妨學學「成功人士們」的語氣與態度，融入到自己的生活中，隨著日常中遇到的人物、場所、情況進行練習，直到無意識中也能自然說出來。**語氣是習慣。讓身體記住改變後的語氣，最終就能改變人生。**

讓人開始的是動機，使人持續的是習慣。

——吉格．金克拉（Zig Ziglar）

公開宣布「從今天開始要改變語氣」，並尋找幫手監督

二〇一七年十二月時，到了歲末年終，整理過去，準備迎接新的一年，我想過上不一樣的人生。為了「二〇一八閱讀年」，我也決定具體實踐貼近書籍的生活。

「上帝，我期待一百天後會帶來的奇蹟。」

我開始每天記錄一個屬於自己的小插曲，但在日復一日重覆的生活與工作中，想要尋找新鮮的故事並不容易。為了寫下一行記事，翻開書本是個好方法。在閱讀時自然而然會傾聽自己內心的聲音，知道自己喜歡什麼、什麼時候覺得幸福。在我公開這項承諾貼文之後，有後輩默默地按了「讚」，所以我更加不能放棄。也因此，最後我實現了承諾，在這一百天親近了書本，同時透過社群網站 Instagram，見到了

五位我心儀的作家。

身邊一群喜歡親近書和人的職員們，為了「建設一座好醫院」的想法集合在一起，於是為住院患者與職員們打造、給身心帶來安適的小圖書館就這樣誕生了。圖書館的名字叫「BookBook」，是讓愛書人可以透過書溝通的空間。在開館一百天紀念活動中，邀請到行為心理學家李珉奎教授進行演講。李教授不愧是著有《被吸引者的百分之一不同》、《實踐就是答案》、《表達出來才是愛》等銷量上看百萬冊的暢銷書作家，他的分享賦予了我人生革命的動機。在聽過演講後，我重新定下目標，這次將進行「不對家人發脾氣」「不生氣」「和藹地對待丈夫」等小目標開始的計畫。同樣地，我也向家人及辦公室同事們公開發表我的決心。雖然目前為止很難說是否已完美達成目標，但我從未放棄。

即使失敗過，只要堅持不懈地前進，就能實現自己的願望。
一試就成功的情況並不常見，但對於不斷努力的人來說，成功是必然，所以要堅持不懈地努力。

——威廉・福斯（William Fox）

即使下定決心並擁有相關知識，也不保證所有計畫都能實現。老實說在這期間，我也曾反覆三心二意，但始終努力不放棄，在與家人相處的所有瞬間都持續努力，結果就這樣度過了二十一天。我感受到了話語的力量，便立志努力寫作，以出版為目標；並不是因為完美改變了語氣才寫作，然而寫作可以表達我在改變語氣上做過的努力和懇切。這也同樣是種公開發表，目標明確，絕不退縮。

我試著按照李珉奎教授在《實踐就是答案》一書中介紹的「公開承諾法」來執行，若還能有幫手，成功改變語氣的機率就更高。

美國內華達州立大學心理學博士史蒂文．C．海耶斯（Steven C. Hayes）做了個實驗，他把一群大學生分成三組，觀察公開目標對成績的影響。

A組：設定目標分數並在其他學生面前公開。

B組：設定目標分數但隱藏在心裡不透露。

C組：未設定任何目標分數。

結果是怎麼樣呢？將自己希望得到的分數向其他同學公開的A組學生，最後實際獲得的分數比另外兩組高很多；而將目標隱藏在心裡的B組，以及完全沒有預設目標的C組，結果並沒有太大的差異。**在別人面前用語言或文字公開自己的想法或期望，就會促使自己把心中的想法堅持到底，稱之為「公開承諾效益」**（Public Commitment Effect）。

「沒有自信的語氣」「消極的語氣」「生氣的語氣」「神經質的語氣」「無視的語氣」「指責的語氣」，在這些語氣中有沒有找到自己的說話習慣？有沒有哪個人的說話語氣是你想仿效的榜樣？你有決心可以從今天就開始改變嗎？你有沒有不拖延、不半途而廢的迫切感呢？如果想達成目標，請試試按以下五種方法進行公開承諾。

公開承諾的五種方法

❶向擁有正能量的人公開承諾

「真的？好厲害啊！」「真是太帥氣了。」「你一定可以成功。」「你果然與眾不同。」在進行公開承諾時，我們需要有人給予這樣的回應，所以可以先向擁有正能量的家人和朋友公開你的目標，他們表現出的肯定性回應，一定會幫助你擁有「我可以做到」的自信和確信。

❷向平時長時間相處、可以監督自己的人公開承諾

辦公室的同事可以是監督自己的好幫手。每天上班都會見到面，就能順勢將自己今天要實現的重點目標說出來。

「在今天見面的每個人身上尋找一個優點，並給予稱讚。」

「避免使用『但是』『不行』等否定性的詞語。」

「我正在練習放慢說話的速度，萬一覺得我說話速度變快時，可以請你提醒我嗎？」

也可以請經常通電話的人給予協助。因為語音通話看不到表情或動作，只能透過聲音感覺對方的心情，這樣能更客觀地監督在語調、語速、語氣中的錯誤習慣。

❸用各種方式盡可能向許多人公開承諾

可以加註在通訊軟體、個人社群網站上的個人簡介，或是電子郵件結尾問候語上，真誠地寫下目標，極有可能也會遇到朝著同樣目標前進的新朋友，他們會成為比任何人都堅實的力量，化身為給予巨大助力的幫手。

❹分享為什麼決定改變語氣的想法或理由

「因為我說話時會習慣先說『對不起……』，給人感覺好像畏畏縮縮的，我希望可以變得堂堂正正點。」

「因為我講話語氣充滿神經質，無意中和丈夫起了爭執，讓孩子很不安，所以我一定要改掉這種習慣。」

「對於精力旺盛的兒子，總是習慣大聲對他『喂！』『你！』，我希望可以用優雅的語氣說話。」

「對老大比較沒放太多心力，因為覺得他應該會把自己照顧得很好，所以總是拿他和別的孩子比較。偶然間看到他在日記本上寫著『聽到被比較的話，感覺很傷心』，讓我決心要改變說話的語氣和習慣。」

分享讓自己想改變的故事源由，透過情感共鳴會讓人們真心支持你，並成為你最好的幫手。

❺反覆公開承諾

反覆公開承諾有如在電池能量用盡前再次充電。每當中途產生放棄的想法時，就再次公開承諾，斷絕放棄的想法。公開承諾的次數與放棄的機率將會成反比。

毫不猶豫地清空語言抽屜中的壞語氣

我決心從改變生活模式做起，於是開始早早就寢。原本孩子們入睡後的時間是唯一屬於我自己的時間，但其實這是以補償心理和抒解壓力為藉口的消耗。當我決定把時間留給睡眠後，在展開計畫的第一天，就成功地在早上五點三十分輕鬆起床。短暫的早晨祈禱後，閱讀了《掃除力》一書，體驗透過閱讀帶來的生活變化，並將文字上傳到我的 Instagram 上。

以下節錄自由舛田光洋所著《掃除力》中的部分內容：

「為什麼大部分的人光靠正向或宏觀思考無法成功呢？原因是什麼？

「那是因為無論加入多麼強烈的正向思維，在內心深處都還是會有想將其抹去的負能量。即使只看著正向光明的一面前進，在內心深處的負能量也會說：『那不可

能成功』，並悄悄將其抹去。」

作者表示，清掃是消除心中負能量的方法，任何人都可以透過簡單的「清掃」來改變人生。

語氣要變好，也是從丟掉壞語氣開始，必須騰出空間，才能再度填滿。

你清楚知道自己經常習慣說什麼話嗎？從早上睜開眼睛到晚上闔眼入睡為止，注意傾聽自己說了些什麼。不管是自言自語，或是與家人、同事、鄰居、朋友的對話，記錄下頻繁使用的詞語，你就會發現自己的習慣用語，也會訝異「我居然經常說這種話！」那些從口中說出的話，不僅包含了具有價值觀和信念的內容，還有流行語、俚語等，都表現出「我」的思想、心態、態度，甚至過去的生活與未來的樣貌。

「對我的語氣有自信嗎？」

「對我的語氣滿意嗎？」

雖然不十分滿意，但想想似乎也沒有太大的問題，韓國俗語說「三歲的習慣會持續到八十歲」，一旦成為習慣，就很難輕易改變，雖然不是很好，但心裡會想「我這種程度應該算可以了……」「我已經比很多人好了……」容易自我合理化而迴避改變，因為改變很艱難、很辛苦。但就是知道自己會這樣想，所以我再捫心自問：

「我想把這種說話方式傳承給孩子嗎？」

我搖了搖頭，同時感到陣陣羞愧，不再去想「一直以來都是這樣，難道非得要辛苦地改變嗎？」這個問題。因為是最寶貝的孩子，所以我只想把最好的東西留給他們。雖然也曾有過「只要讓他們學習我的優點就好」這種膚淺的想法，但最終還是領悟到無論如何都「必須改變」，壞東西容易學，但萬分難改，因為關係到子女的未來，所以身為母親的我得馬上改變。

就像透過打掃整理環境來改變人生一樣，嶄新的人生就從拋棄壞的說話習慣開始，找出日常用語中會釋放負能量的單詞，果斷地從人生詞典中刪除。時常清理不好的說話習慣，可以擺脫消極負面的想法和心理，留下積極、樂觀的說話方式。現在就與消極的語氣、不愉快的語氣、會造成傷害的語氣、指責的語氣決裂吧！

準備好享受極簡生活了嗎？就從整理說話的習慣開始，只有摒除不需要的言語，才能用更多幸福詞語填滿人生。**拋棄壞語氣正是建立說話品格的第一步。**

必須拋棄的五種話

❶拋棄「要死了」這種消極的話

很多人常不自覺用「要死了」這種形容方式，例如「熱死了」「冷死了」「累死了」「睏死了」「撐死了」等等，這都是習慣。只是因為覺得辛苦或不便隨口吐出的話，卻會反過來影響我們自己。試著去掉誇張表達的負面語氣，單純用「熱」「累」「吃得好撐」來形容就可以。

「天氣太熱了，空調溫度要調低一點。」

「今天雖然很累，但我還是撐過來了。」

「今天吃得太多，以後得控制一點才行。」

❷放棄帶有指責和迴避的「都是因為……」

把原因歸咎於別人，這種作法很難解決問題。承認自己的錯誤，改變自己是最有智慧的方法。過去習慣用「都是因為你」來指責別人，現在就改成「多虧了你」來表達謝意。這是一種將否定情緒轉化為肯定的好方法。

❸拋棄自我貶低的話

「我算什麼……」

「我怎麼會……」

「我哪有資格……」

不要為了表現謙虛而拒絕承認別人的稱讚，只要開朗的說聲「謝謝！」就能讓對方留下更好的印象。不必多也不要少，如實接受稱讚，也能提高信心。

❹放棄傷害別人的指責語氣

摩洛哥有句諺語說：「因話語所受的傷比被刀割還深。」無論在什麼情況下，都不能吐出會傷害別人的話。傷人的話大多是強者對弱者說的，例如父母對子女、上司對下屬。如果你們之間不是水平關係，而是垂直關係，並且權力不均衡，就更應該注意。

在生氣時用「你……」開始對話，很容易會變成攻擊性的語氣，會傷害對方的情感，讓對方採取防禦姿態，那麼問題就更難解決了。

遇到這種狀況，可以用「我」為主語的傳達方法，在不傷害對方的同時，傳達自己的訴求。把「我」觀察到的內容和感覺說出來，再帶出希望對方配合的內容（例如：這是我的感覺，希望你可以這樣做）。

❺丟掉「但是」「可是」「雖然如此……」等負面轉折用語

沒有人喜歡自己的意見遭受反對，在任何情況下都應該避免一開口就用否定性的詞語。對方說完之後若立刻就聽到「可是……」「不是……」這些話，多少都會感到不悅。用「我想還有……」代替「可是……」的對話氣氛會比較柔和，接下來發表自己的意見時，也可以減少對方的排斥感。

所有的語氣都從問候開始

幾個月前，我要上班時發現夾在車子玻璃窗上的紙條，內容是低樓層住戶的反映，希望我停車時能夠正面停車（車頭先進停車格）。紙條是警衛親手所寫，雖然現在已經想不起完整的內容，但當下看到的感覺仍很鮮明。為了不影響住戶上班的心情，警衛親手一個字一個字寫下的文句中包含了關懷，讓我看了自然而然產生「我怎麼沒想到呢？」的羞愧，以及「下次停車時一定要注意！」的心情。當天晚上下班回來，停好車後，正好遇到警衛。

「感謝您配合正面停車。」警衛露出笑容這麼說。

警衛所展現表情明朗的問候，比早上的提醒紙條帶給我更強烈的感受。

當孩子們開始會說「爸爸」「媽媽」那一刻起，每位為人父母的言行也開始成為孩子的教材，而最先教的話，多半是「謝謝」「你好」「我愛你」等問候語。這些話雖簡單，但力量之大，能讓連初次見面的人也笑容滿面。

「在電梯前素不相識的陌生人A主動向大學生打招呼。從電梯裡出來時，A手中提的垃圾不小心掉了，大學生看到後自發性地回頭幫忙撿起。」

這是二〇一七年SBS電視臺播出的紀錄片《問候的價值》中的一幕，是一個關於「問候對幫助行為造成的影響」的實驗。A是製作團隊人員，參加實驗的大學生事先並沒有獲得任何訊息，製作團隊只對參與實驗的人們說沒有時間，動作要快。實驗結果顯示，在乘坐電梯前如果A主動打招呼，參與實驗的十二人中有九個人，也就是75%的比率會給予幫助。相反地，如果A不打招呼，只有三個人會給予幫助。

問候代表一種尊重對方的心意，用有禮貌、開朗的表情打招呼，就算是初次見面的人也容易變得親近。不需要什麼華麗的辭藻，只要是飽含真心的問候，就能給人留下美好的第一印象。要與陌生人交談並不容易，透過問候會很有幫助。簡單的一句「早安」「今天天氣真好」，用明亮的聲音打招呼，對方就會感受到親切並回應。**問候是溝通的開始**。

以下提供三種問候的實踐策略，可以幫助建立心靈相通的良好管道。

好好問候的三種方法

❶用對方想聽的話問候

根據韓國國立國語院（注）的《二〇一五年國語政策統計年鑑》調查顯示，家庭中最想聽到的話是感謝和稱讚。在六百名受訪者中，最希望聽到配偶說的話是「對彼此辛苦的感謝」（81%），最希望聽到父母說「對努力的稱讚」（52%），最希望聽到子女說「對父母辛勞的感謝」（71%）。（《國民日報》，李光彤，二〇一六年二月十日）

首爾市女性家庭基金會以居住在首爾市的十五～六十四歲，共一千一百人為對象進行的「了解首爾市民的心」調查結果顯示，受訪者最想聽到的話依序是「我愛你」（18.5%）、「辛苦了」（7.9%）、「做得很好」（7.6%）、「謝謝」（6.9%）。（首爾市女性家庭基金會「了解首爾市民的心」問卷調查結果，二〇一七年十月）

這些統計資料也反映出另一個令人省思的結論，人們最想聽到的話，也意味著

注：國立國語院（국립국어원）是韓國文化體育觀光部下屬的韓語研究機關，旨在促進韓民族語言的研究和相關政策制定。

是在家庭中很少出現的話。所以請不要吝嗇，向一起度過每一天的家人致上溫暖的問候吧，用「我愛你」「謝謝」「我會努力」「辛苦了」「要注意身體」，共同打造一個隨時都充滿真心問候的家庭。

如果子女的心封閉起來，那麼父母的話對他們來說，就只是嘮叨而已。把想說的事先暫時緩一緩，用父母、另一半、子女想聽的話問候吧，聽者要先敞開心扉才能進行良好的溝通。

在職場中，也不要吝惜對後輩說「做得很好」，抓住時機給予稱讚，肯定對方的努力。不需要強調權威或打壓，就能攏絡人心、提高士氣。

❷在電梯中遇見人要先問候

我們每天有很多機會乘坐電梯，因為太習慣了，所以平常也不會特別在意。遇到陌生人時，在狹窄的空間裡為了掩飾尷尬和不自在，不是拿出手機滑啊滑，就是盯著電梯內的公告看，不到三十秒的時間卻感覺無比漫長。

不如主動出擊，對按著開門鈕等待的鄰居說聲「謝謝」、詢問一手牽著孩子一手提著東西的鄰居「您要去幾樓？」，協助按下樓層鈕。表達感激、關心和關懷的一句問候，就像輕輕按個鈕就能開啟電梯門一樣，打開對方的心扉，拉近彼此的距離。

韓國蔚山廣域市的某社區大樓曾發起「問候運動」，社區內有二千多位居民共同參與，在實行一段時間之後出現明顯的成果，社區大樓最常見的上下樓層噪音及公設相關問題得到90%的改善。〔《SBS新聞》，徐潤德，二〇一七年一月十七日〕

在公司也一樣，只要在電梯裡簡短的問候，就會發現同事之間的工作氣氛也會變得愉快起來。

❸運用肢體語言開朗問候

問候是溝通的開始，練習使用明朗的問候開始對話。表情陰沉或問候時不注視對方的眼睛，會被認為是毫無誠意的敷衍問候。因此在問候時表情要明朗，對方會感受到親切、受尊重，自然對你的第一印象予以好評。根據對象和場合狀況，也可以加上握手、擊掌、碰拳等方式表達喜悅、祝賀、鼓勵的情緒，如此一來彼此的連結會更加深。若是要表達謝意時，也可以謙虛地彎腰行個禮。

謙虛的語氣、自信的語氣、明朗的語氣，都是問候的最佳語氣。飽含真心的問候是緩和關係的潤滑劑，也是通向對方心扉的鑰匙。

帶著「一生只有一次機會」的想法說話

一位傷心的母親帶著孩子去找老師，因為她的孩子不管怎麼勸，都還是愛吃糖果，她實在不知道該怎麼辦。老師聽完事由之後沉默不語，只告訴那個母親過幾個月後再來。幾個月後，那個母親又帶著孩子來找老師，老師這才勸孩子：「不要吃太多糖果，吃多了對身體不好。」母親很好奇地詢問老師，為什麼要他們隔幾個月再來？

這位老師回答：

「其實上回你們來的那陣子，我自己也吃糖果上癮，那樣的我又怎麼能要求孩子別吃糖呢？所以我在這段時間努力戒掉愛吃糖果的習慣，現在才有資格要求孩子不要吃糖果。」

以上故事中的老師，就是甘地。他是印度的精神領袖，也是獲得《時代雜誌》

評選二十世紀最具影響力的人物之一。

甘地為了勸告孩子不要再吃糖果，先要求自己將長久以來愛吃糖的習慣戒除，即使是對孩子說的話，他也非常慎重，從不隨便說出口。真誠有力量的話語，就是從這樣真摯和慎重的態度中才能傳達。

即使是初次見面的人，透過交談也能大略看出他的為人。人說出的話語會表現出經歷過的人生和人格、反映內心。你所使用的語氣、詞彙、語調、肢體語言等融合在一起，就會建立一個形象，這也是別人對你的印象。好的印象如：「溫和」「親切」「值得信賴」；如果太直率可能會給人留下「傲慢」「目中無人」的感覺；若當時處於忙碌或狀態不好時，也可能會不經意引起誤會，給人留下「冷漠」「不親切」的印象。

舊約聖經《創世紀》中，記載了諾亞的後代建造巴比倫塔的故事。故事中人們計畫建造一座高聳入雲的巨塔，當時他們使用同一種語言，可以溝通一致的想法，齊心協力建造高塔。但上帝卻把人們的語言打亂，讓他們彼此聽不懂對方說什麼，高塔的建造就此被迫中斷。

如果人們凝聚在同一個語言之下，就會創造奇蹟，韓國在二〇〇二年進入世界盃足球賽四強就是如此。因為披著太極戰袍的球員與全國國民齊心用同一種語言高喊「夢想成真」，所以才有實現的可能。

語言是表達思想和心靈的工具，但並不止於傳達，說出口的話也會影響對方的心情和想法。話語在反映實際的同時也支配思想。稱讚的話、鼓勵的話、感謝的話會引發積極的思考；指責的話、批評的話、生氣的話則會誘發消極的想法。

韓國的網路科技發展日新月異，人民網路參與指數達到世界第一，但帶來的負面影響之一，便是受到網路惡評而痛苦的人與日俱增。從素不相識的人那裡接收到不分青紅皂白的語言暴力，為此而沉淪受苦的人越來越多，甚至難受到選擇極端手段讓自己解脫。為了使受網路惡評的人們能重拾希望和勇氣，有人發起了「善意留言運動」。話語的能量可以摧朽生命，也可以挽救生命，想為周圍帶來善的影響力並不難，只要從日常生活中觀察自己說話的語氣開始。

某天，女兒說要參加班級幹部選舉，必須準備政見。她花了半個小時，寫了又擦，不停反覆，一臉認真思考。她要寫的內容並非金玉其外的空頭支票，而是包含著對班級的愛和「一定要做到」的懇切感。看著認真執筆的女兒，我再次領悟了何謂真誠的話語有多動人的意義。

帶著誠心說話吧。話語會改變行動，像迴旋鏢一樣盛載幸福，重新回到我的身上。

真誠說話的四種方法

❶帶著「一生只有一次機會」的想法說話

在開口前要想著：「機會不會再來，如果現在不說下次就沒機會了。萬一失誤了就無法挽回，這是一生只有一次的機會，一定要珍惜。」帶著這樣的想法，因為是一生一次的機會，思考希望給對方留下什麼樣的印象？該如何傳達想法？然後做好準備，懷抱誠心說話，態度和語氣會不一樣，也會為你帶來好的結果。

尤其對家人、同事說話更要由衷，不能因為親近、熟悉，就漫不經心隨便對待。要記住，這些人才是你最重要的人。你有多珍惜他們，他們也會回報真心並傾聽你的話語。

❷懷抱有愛的心

我們對待所愛的人態度很不一樣，使用的話語也不同。加入一匙愛的語氣會很柔和；加了兩匙勺愛的語氣將堅定不容忽視；加了三匙愛的語氣是領悟沉穩的守候。所謂懷抱著愛說話，並不是只說自己想說的話，而是用對方期待的方式去好好表達，這才是愛。

❸話要說得清楚

如果不好好說出自己的想法，卻希望對方理解，結果只會產生矛盾。不表達出來對方不會知道，拐彎抹角或模棱兩可只會讓聽者感到混亂，因此傳達的內容要讓對方容易理解，要用對方聽得懂的話來解釋。明確而不拖泥帶水的話語，才具有說服對方的力量。

❹使用肯定的語氣

威脅的語氣、指責的語氣、無視的語氣，都會讓對方畏縮或築起防禦的厚牆。消極的語氣則會激起反抗心理，打退熱情的堂鼓。用尊重、信任的語氣、稱讚的語氣、謙虛的語氣、鼓勵的語氣說話，這些帶有肯定意味的語氣絕對會改變對方的想法和行動。

第二章

召喚幸福的五種語氣

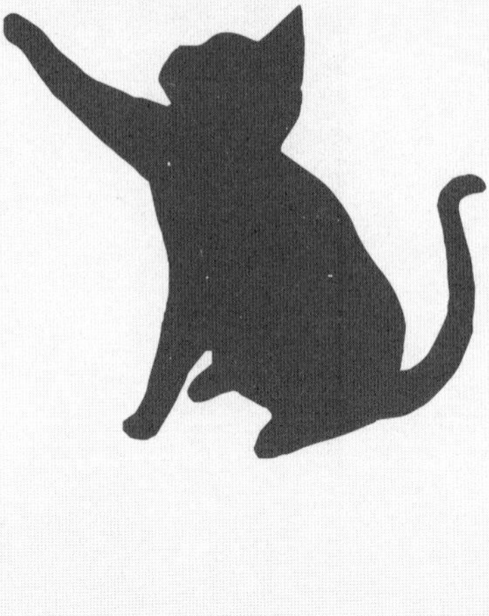

說曹操曹操到，
幸福也一樣。
召喚幸福的語氣其實非常簡單。

說話時加上「多虧有你」

「小時候因為父母離異，所以和外婆一起生活，從小學五年級開始獨自寄居在親戚家。雖然幼年生活環境艱苦，卻也是我成長的支柱，因為有外婆的關愛和周圍許多好人的幫助，我從未感到孤單。」

這是模特兒出身的演員裴正南，在某個綜藝節目中提到的人生故事。

曾經埋怨和不滿的艱難過往、小時候的逆境，如今他以充滿感恩的回憶標記在腦海裡，是位非常了不起的人。他表示，多虧了當時困難的環境，才讓他產生堅持的力量；多虧了許多如家人般溫暖相待的人們，才讓他能度過幸福時光。聽他自然地用故鄉口音說「多虧了……」，我相信這就是他能成功的祕訣。

在日本也有這樣的例子。

「多虧了貧困的家庭，讓我從小就透過辛苦工作累積了許多經驗；多虧了身體虛弱，讓我透過運動得以維持健康；多虧了我連小學都沒畢業，所以把遇見的所有人都當成老師，毫不懈怠地學習。」

這是日本「經營之神」松下幸之助，生前被問到如何擁有財富和名譽這個問題時的回答。他是松下電器的創立者，也是跨越日本四個世代、備受尊崇的企業家，從他的言談中可以看出他的人生態度。

就算環境惡劣，只要能以正向積極的方式看待自己所處的狀況，結果就會有所不同。面對困境，用「多虧了……」的正向語氣，就能創造奇蹟，將絆腳石變成墊腳石。

「我完全忘了今天是大學聯考的日子，公司為了讓考生都能順利趕赴考場而延到十點上班，還是像平時一樣早早出門，多虧了遇到警察交通管制，我乾脆回去先送女兒上學，然後好整以暇地來辦公室，還能幫同事的忙，真是太開心了。」在辦公室看著這位同事笑著講述早晨上班的趣事，我也感受到與平時不同的活潑工作氛圍。

相反地，如果同樣的狀況，心裡想的不是「多虧了……」，而是「都是因為……」，那麼一整天的心情恐怕都會被負面情緒支配。

「昨天下班時明明還想到今天可以晚點上班……都是因為早上起來忘得一乾二

淨，匆匆忙忙出門結果又折返回家。之前感冒還沒完全好，早上這樣折騰也沒好好休息，雖然比平常晚一個小時上班，卻反而更累了。」

✦正向與負面的黃金比例✦

北卡羅來納大學心理學教授芭芭拉．弗雷德里克森（Barbara Fredrickson）在她的著作《正向情緒的力量》中，介紹了「正向情緒的黃金比例」。她透過實驗發現，富有者的正向態度和負面態度比率平均是三比一以上，而普通人通常是二比一或一比一。

經歷了一次負面情緒，就要努力為自己創造三次以上的正向情緒。我們要習慣用積極的語氣說話。

「都是因為你，媽媽上班快要遲到了。你自己去學校！」

「多虧了夏恩現在可以自己上學，媽媽才能準時上班，謝謝妳。」

每個家庭的早上必然是一場戰爭，因為要催促磨磨蹭蹭的孩子分秒必爭。若能把習慣使用的「都是因為你……」改成「多虧了你……」，家裡的氣氛就會不一樣。同樣是孩子自己上學，用「多虧了你……」，女兒有禮貌地道再見，然後精神奕奕踏著輕快的腳步去學校；若是叨唸著「都是因為你昨天太晚睡」「都是因為你早上賴床」「都是因為你昨晚沒有提前收拾好書包」最後孩子將在媽媽的咆哮聲中，氣嘟嘟地去上學。

「都是因為你……」聽起來像是找到了事件的源頭，合乎邏輯的一番話，但實際上大多數情況，我們都是從他人身上尋找理由。既然如此，不如就把像藉口般的「都是因為你……」改成「多虧了你……」，以感謝和謙遜的語氣來扭轉對他人的指責。

或許你會覺得很難馬上改變，但並非不可能，只要先改變自己的觀點就行了。把「謝謝」「多虧了你」當成理所當然的一句話，時時掛在嘴邊。當別人都說：「都是因為你……」「偏偏是你……」「你怎麼會……」的時候，脫口說出「多虧了你」的人，能夠擁有不同的未來發展。

舊約聖經中有個人物叫約瑟，因為哥哥們嫉妒他，便把他賣到埃及當奴隸，他還被人陷害入獄，但最終他卻成為了埃及的高官。後來發生大饑荒，他的哥哥們千里來到埃及買糧食時被他認出，他並未埋怨當初「都是因為哥哥們」而過著艱難困苦的生活，反而向哥哥們伸出援手，把家人都接到埃及一起生活。

如果希望事情能夠按照計畫順利解決，就要用謙虛的心態待人，常常使用正面的語氣對周圍的人說：「多虧了你。」那麼，不管面臨多困難的情況，一定都會有因為「多虧了你」這句話而得益的一天。

用肢體語言說話

「你是為愛而生的人，在你的生命中你已接受這份愛。」

這是一首與宗教無關，深受韓國人民喜愛的CCM（Contemporary Christian Music，當代基督教音樂）歌曲。在教會中，為了歡迎或祝福而歌唱，人們常常都會邊唱邊自然地身體朝向彼此，雙手向前伸展，帶著溫和的表情和微笑互相對視。伴隨著〈你是為愛而生的人〉這首歌，用溫柔的肢體動作傳遞溫暖。

兒子六歲時曾把我比喻成大象，他是從理解我的肢體語言而下的結論。從未學過「麥拉賓法則」的孩子，也會從生活經驗中領悟智慧。

「麥拉賓法則」是美國南加大（UCLA）心理學教授艾伯特・麥拉賓（Albert Mehrabian）在其著作《無言的訊息》中提出的，意指當我們判斷一個人時，會有

55%來自視覺（表情、視線、身體動作、外表、印象等）、38%來自聽覺（聲音、語調、發音等）、7%則根據話語而來。據此，若想在初次見面時就能贏得對方的好感，便必須溫和傳達高達93%的非語言訊息。

大家一定都聽過〈頭、肩膀、膝、腳趾〉這首童謠，我們就藉此一起來學習如何用身體語言讓別人留下好印象吧。

七個召喚幸福的身體語言

❶笑臉迎人

人可以利用約三十五個臉部肌肉做出三百到一萬個表情。笑的時候，會動用到位於臉頰部位的十五個肌肉。飽含真心的微笑，在嘴角上揚的同時，眼角也會出現皺紋；微微上揚的嘴角給人溫柔的印象，也會為對方帶來心靈上的寬裕和舒適感。通常被說是「假笑」的人，都是只有嘴角刻意上揚，眼角並不會被牽動而產生皺紋。「假笑」其實很容易被對方察覺，進而破壞信賴，所以要特別注意。

中國有句俗語叫「人無笑臉莫開店」，微笑是打動人心的靈丹妙藥。平時可以常常對著鏡子練習自然的微笑，肌肉不常用可是會退化的喔。

❷無壓力的眼神接觸

若要讓對方感到舒適，視線也很重要。要把視線集中在對方身上，但不能讓對方感到負擔。想要給人溫柔親切的感覺，在面對面時，就要用50%～70%的時間「以眼神交流」，其餘時間視線則輪流看向鼻子、嘴、下巴，令對方比較不會有壓力，可以感受到親切友善。站在多數人面前說話，也要看向每一個人的眼睛，若是視線相遇，可以停留大約「短短一句話」的五秒左右，在穩定的交換眼神後再轉移視線，才會給人信賴感。

❸用頭表達共鳴

在交談時點頭會為說話的人注入正能量，因為這代表說者的話受到認同，也是聽者對談話內容感興趣的表現。

以上的三項最好一起實踐，面帶微笑用明朗的表情看著對方，一邊傾聽一邊點頭。

❹挺直肩膀

挺起肩膀、豎直腰桿的姿勢可以增強自信，要是垂肩垮腰，看起來就很沒自信。我的兒子個性內向、容易害羞，每當環境有變時，他的姿勢和聲調大小就會不一樣。他會習慣性地垂下肩膀，歪著頭，說話的聲音也會變小，毫無自信的樣子一目瞭然；然而一旦換上跆拳道服，他的肩膀就會神奇地自然挺起，擺好動作，魔法般發出洪亮的聲音。

哈佛大學經營研究所教授，同時也是社會心理學家艾美．柯蒂（Amy Cuddy）在TED Talk講座中曾提到，只要稍微調整一下姿勢，就能為自己展開更好的人生。她指出，姿勢會改變心態，心態則會影響行動，帶來不同的結果。她同時也在著作《姿勢決定你是誰》中說明，身體語言不僅可以改變他人，還可以改變自己，若是時時舒展肩膀、挺直腰背，身體分泌的荷爾蒙也會發生變化，俗稱男性荷爾蒙的睪固酮會增加，可以提高自信心，同時減少會誘發壓力的皮質醇。

❺掌心向上

在發表意見時手掌朝上，可以獲得正面的效果。有實驗顯示，即使老師講課的內容相同，但依據說話時手掌的方向，學習者給予的評價也會不同。如果老師講課時多半手掌朝下，那麼學習者只有54%會給予積極評價；相反地，若老師講課時手掌朝上，則有84%的學習者給予了肯定。手掌朝上傳達給別人「歡迎、接納」的意思，會營造舒適自在的氛圍。

有人說：「簡報的世界分為賈伯斯之前與賈伯斯之後。」擅長吸引聽眾注意力的蘋果電腦創辦人賈伯斯（Steve Jobs），在簡報時也喜歡運用「手勢」累積信賴。交流專家卡洛（Carmine Gallo）在《賈伯斯的簡報祕訣》中指出，賈伯斯自然、沉穩的說話方式以及身體語言，都是他刻苦練習的結果。

將上述第四和第五點一起練習吧。說話時肩膀挺起敞開，手掌朝上向前伸展，會有不一樣的效果喔！

❻傾身向前聆聽

在對方說話時上身稍微前傾，是表示對說者感興趣的好方法，這樣的姿態也會帶給對方信心，交流真誠的表達。

❼以腿（膝、腳）表達好感

行為心理學專家表示，人的身體中表達情緒最直率的部位就是腿了。如果在沒有好感的人身邊，會無意識地蹺起二郎腿，展現一種封閉的姿態。只要觀察對方兩個膝蓋之間的距離，以及膝蓋所朝的方向，就能推測出兩人之間親密的程度。對有好感的人，膝蓋會自然地朝向對方，展現出專注的態度。不過要特別注意，如果過於專注在膝蓋上，可能會不自覺向後靠坐，這樣的姿勢容易讓人感覺心不在焉，好像對談話不感興趣似的。另一方面，如果跟著對方也蹺起二郎腿，則可能傳達出對對方感興趣的身體語言。如果是個人原本就習慣蹺腳更要注意，因為那不僅對骨骼健康不好，還可能給人封閉、傲慢的印象。面試時，沒有一位應試者會在評審面前蹺二郎腿。兩隻腳均勻自然地踩在地板上，可以傳達充滿自信和開放的心態。

最後，我們在看電影、話劇、電視劇時，也可以觀察演員們的身體語言。從即使沒有對白，也能熟練地以肢體語言表達的演員們身上多多學習。

不要錯過閒聊的機會

我常利用上下班時間與親近的阿姨通電話，雖然只有十幾分鐘的時間，卻是不能漏掉的日常。也沒有什麼特別的事要提，但可以很輕鬆就打開話閘子暢聊，在說說笑笑之間抒解壓力，重新注入能量，從來都沒有在打電話前苦惱過「該說什麼」。

閒談就是如此。神奇的是，就算經常說話聊天，卻總是有說不完的話題，常常說到覺得時間不夠，卻很少會發生無話可說的狀況。不管交談隨時中斷或延長都不成問題，彼此不需要進行激烈的思考，也不會有需要說服對方或爭論而繃緊神經的時刻。只要告訴對方想說的話，傾聽對方想說的事，享受小小的幸福就足夠了。在日常中隨手拾來的素材愉快地閒聊，重新找回因為理所當然而錯過的幸福。為了不要對日常中身為媽媽、妻子、女兒、兒媳的各種角色感到厭倦，互相鼓勵對方做好自己的工作。

這是今天早上我們的對話。

「妳怎麼什麼都記得啊？不過妳從小就聰明，說過的事從來就不會忘記。」

「阿姨說的話我都記得，不過其他重要的事就記不起來了。」（笑）

阿姨對年過四十的外甥女說「記性真好」這句稱讚，其實是間接表達「謝謝妳認真傾聽我說的話，讓我心情很好」的意思。閒談與單方面傳達專業知識的講課不同，只要稍微專注一點就很容易記住；有趣或感興趣的主題，在輕鬆的閒聊過後，會久久留在記憶中。

閒談在辭典上的解釋是「談些無關緊要的話；瞎扯」。這並不是說所有的閒談都是沒有用的廢話，閒談有助於讓陌生人感到親近，可以幫助與同事、鄰居建立連結，培養歸屬感；也有助於緩解對方的警戒心，讓上下不對等的關係變成可以橫向溝通的功能。

人類是從交換訊息和情感、互相幫助中感受幸福的社會性動物，除了解決問題、交換訊息之外，還會在表達情感、需要共鳴時進行閒聊。閒聊可以成為打破僵硬思維的手段，也能化作可以勾出奇特創意想法的釣竿。

如果覺得和相處不自在的人，聊著不感興趣的主題，分明是浪費時間，甚至可能成為不必要的情緒勞動，那麼「避不了就享受吧！」美國心臟專家羅伯特・艾略特（Robert S. Eliot）在其著作《從壓力到健康》中如此說，因此若有必要進行無法避免的閒聊，方法就是改變自己的觀點。

創造有益閒談的三種方法

❶就算是閒談，若能建立目標就更能享受

目標明確了，態度就會改變，例如希望可以「讓對方留下親切的印象」「安慰傷心的同事」「傾聽因家庭問題而困擾的朋友心聲」，有了這些目標，即使是閒談，姿態和反應也會不一樣。不是冷淡的態度，而是帶著關心傾聽，搭配認真的眼神，一定會帶來正能量。

好好傾聽對方的故事，不打斷對方，但適時附和回應，可以更詳細了解感興趣的內容，對於不感興趣的部分就輕輕帶過。

有時在閒談中還會有意外的收穫，例如見到能夠根據狀況自然地展現幽默、引

導愉快氛圍的人，就可以觀察、模仿對方的動作、表情、用詞、語調等。透過模仿可以讓彼此更親近，也可以學習到不同的語氣。

❷創造所有參與者都是主角的閒談

三個人以上聚在一起閒談時，要留意比重分配，讓大家都有參與其中的感覺，參與感不夠會讓人感覺被排擠。聽一個流暢有趣的故事是種享受，不過人們在講述自己的故事時，才是最投入的。對於本身平時較寡言、瞬間爆發力不足的人，可以適時利用像「印第安人的權杖」（在古老印第安社會中，開會時會有一根權杖，只有握著權杖的人才能說話，其他人都必須注意聽）這類的方式，讓每個人在說話時都會是主角。

❸有存在感的閒談就是競爭力

「多閒談就是競爭力」這句話是韓國知名企業「優雅的兄弟們」成功的祕訣之一。

「優雅的兄弟們」在二〇一〇年以專業配送服務應用程式「配送的民族」一炮而

紅，成為韓國新創公司的典範，透過橫向合作發揮最大的協同效應。（《首爾經濟》，徐一範，二〇一七年一月十六日）

在公司中，主管會安排時間與下屬聊聊，或許是會議前後的短暫空檔，或者是午餐時間，都可以輕鬆自由地與彼此閒談，顯示每個人都是重要的存在。偶然相遇而開始的閒談更容易讓人敞開心扉，有時會從中激發出決定性的對話，也可能會成為個人評價的參考。

「並非捨不得，而是需要多少用多少。」就像宣導珍惜環境資源的海報文案一樣，能有智慧閒談的人，相信人際關係也會很融洽。閒談有時像開胃菜，有時又像飯後甜點，看似瑣碎內容的閒談，也可能會成為自然而然宣傳個人價值的絕佳機會。

說話像寫廣告文案，要懂得深入淺出

「沒有國民不知道的政策。」

這是包括歷任總統、政府官員、發言人經常使用的句子。這句話提醒我們，與國民的溝通和制定政策一樣重要。為了提高政策的實質效果，必須進行宣導讓國民理解及認同，也就是因為這樣，經濟副總理兼企畫財政部長（注）才會想聘請廣告撰稿人出身的教授擔任政策輔佐官。

二〇〇八年，國民大學教授高漢俊等人在《消費者個人每日廣告曝露量研究》論文中揭示，消費者每人每天平均曝露在193.1個廣告中。雖然每個人會有些許差異，但不可否認，我們生活在廣告的洪流中，在不知不覺中被廣告撰稿人創造的文案說服，還誤以為是自己的選擇。

有些廣告文案雖然沒聽過幾次，但幾十年過去了仍記憶猶新，或許是因為這個原因，某天才會赫然發現自己購買了不需要的商品。不管是政策想取得國民認同，或是商品想刺激消費者的購買欲，運用廣告文案時都必須要簡潔易懂。如果讓人覺得複雜又困難，就不會想花力氣去聽去了解。單純直接的訊息具有一定的說服力，所以應該像廣告撰稿人一樣，思考要深入，發揮創意，消除多餘的泡沫，簡明地表達核心。想得越深，說得越短，力量就越大。

去除掉過度的修飾語、不必要的助詞和詞尾，越是明快的表達越能打動人心。像是電視劇《巴黎戀人》中的對白「你就在我心裡！」「這個男人是我的！為什麼說不出口？」帶給許多人的撼動，會讓人長久記住的大多是簡單有力的句子。

在公司也是一樣，若想得到主管的信任，就要表達自己的意見，比起口若懸河，精準的說話能力更重要。你可以用一句話、一個字來表達自己的企畫案嗎？你可以感性又直接地表達，讓主管能夠馬上在腦海中描畫嗎？比起滔滔不絕的人，懂得用對方想聽的話表達的人，更有說服力。

注：韓國的企畫財政部相當於我國的財政部，其最高首長同時兼任經濟副總理。

如果想讓對方專注傾聽自己說的話，就要像廣告撰稿人一樣傳達。

猶如廣告文案般的五種說話方式

❶用詞簡單

使用讓人無法理解的艱澀用語或長句會擾亂專注力，應該用對方熟悉或能吸引注意的詞語表達。

美國知名脫口秀之王賴瑞・金（Larry King）曾說：「歷來偉大的演說家都有個共同遵守的原則，那就是『KISS』——Keep It Simple, Stupid(簡單，讓傻瓜都懂）。」

❷運用感性的詞語

有一個印象深刻的 YouTube 影片，影片中有位視障者拿著「我是盲人，請幫幫我。」（I’m blind. Please help!）的牌子乞討，但擺在他面前的罐子一直都是空的。

一名女子經過，見狀修改了一下牌子上的字句，接著經過的路人開始一個個往空罐子裡塞錢。她把牌子上的內容改成了：「今天是美麗的一天，而我卻看不見。」（It's a beautiful day and I can't see it.）

一句充滿感性的話，便讓路過的人願意停下腳步、打開錢包。我們平時就可以練習用不同的文句表達相同的意思。

「購入自然，購入眾人的欽羨。」（〇〇大樓）

「連接幸福的人們。」（韓國〇〇公社）

「〇〇醫院最理解天下父母心。」（〇〇醫院）

「傷春悲秋，勿上警車。」（〇〇警察局）

❸將話說得簡短

現代人已經越來越少會特地花時間打開電視或報紙看廣告，機會變得稍縱即逝，一行字、十五秒的影像就必須吸引消費者目光。因此廣告撰稿人總是不停地寫了又刪，只為能寫出最精簡、最能一目瞭然又打動人心的句子。

「大家過得比四年前好嗎？」（Are you better off today than you were four years ago?）在美國陷入經濟大蕭條時，雷根在競選活動中打出這句口號，後來就順利當選總統。

❹不斷關注和思考

二〇一八年，我以「公益閱讀」接力的方式，在職場內接連成立幾個讀書會，掀起一陣閱讀熱潮。因為工作職場原本沒有社團文化，為了吸引關注，必須先起個響亮的名稱。我一邊讀著鄭哲作家的《COPYBOOK》，一邊想出各個讀書會的名稱和標語。

「Book next」書的下一步。閱讀？開始？分享？

「Go next」Go 的下一步。閱讀？開始？分享？

「You next」你的下一步。閱讀？開始？分享？

「Smile next」笑的下一步。閱讀？開始？分享？

「Eat next」吃的下一步。閱讀？開始？分享？

「Beauty next」美的下一步。閱讀？開始？分享？

「Water next」一天八杯水，下一步。閱讀？開始？分享？

得益於這些標語，會員數一下子就超過了一百人。

❺善用圖像化

要說得像看得見一樣，讓對方聽了就可以想像得到。

「透過參與選舉來實現民主主義。」（公益廣告協會）
「對政策的質疑，就用投票回答。」（全國同步地方選舉）
「請退一步，讓我們的孩子能在陽光下成長。」（廣告撰稿人鄭哲）
「清掃阿姨的關節辛苦了。」（廣告撰稿人鄭哲）
「與朋友一起登高，與戀人攜手落地。」（東京晴空塔）

申寶莉是非常會削鉛筆的學生，
申寶莉在削鉛筆的時候非常認真，

但大家把這樣的申寶莉稱為「不會唸書的申寶莉」。從現在開始，請大家叫申寶莉為「很會削鉛筆的申寶莉」。任何事都不能只有一個標準。

——《光洙的想法》（韓國動畫）

讓對方不想聽的話就和噪音沒二樣。

想抓住對方的心嗎？請注意觀察對方，記住他常使用的話語。完善深入思考過後而發揮的想像力，就像廣告撰稿人寫的文案一樣，才能瞬間打動人心。

改變說話的速度

有份研究結果顯示，「男性說話速度快，有助於說服女性。」（《Now News》，尹泰熙，二〇一八年九月十六日）。法國蒙彼利埃大學研究團隊以六十五名女性和五十六名男性為對象，進行聯誼活動來測定參與者的說話速度。結果顯示，說話速度越快、聲音越大的男性，聯誼成功的機率就越高。

另一方面，說話尾音習慣拉長的韓國忠清道口音，在研究中卻有相反的結果。（《國民日報》，洪成憲，二〇一五年一月十九日）

忠北大學教授趙東旭以二十名二十多歲的男性為對象進行研究，分析他們在講「你好」時，尾音長度變化帶來的好感度差異。結果顯示，有70%的人認為尾音拉長〇．三秒結束最好；沒有一個人對尾音以〇．一秒就結束表示好感。如果尾音拉長，說話的速度就會變慢，強度也會減弱。根據調查，說話習慣尾音拉長的語氣，

給人比較溫和良善的感覺。

從以上的研究結果來看，光以說話速度的快慢並不能評價好壞，每句話都有目的、有對象，應該根據目的和對象調整語速。

對老人和孩子說話時，速度應該要慢一點。醫生向患者說明時也一樣，對不了解相關領域的人說話時，應該要慢慢說。人對於與自己說話速度相似的人會產生好感，因此配合對方說話的速度，有助於拉近關係或尋求協助。經常要面對如雲團一般眾多聽眾的名嘴講師，也具有調節說話速度的能力，他們會先以稍快的語速吸引聽眾注意，再根據內容的重要程度、難度來隨時調節語速。若想像主播、播音員一樣樹立智慧形象和信賴感，更要以穩定的速度說話。

「我從沒見過如此熱情的人。」

「您真會說話。」

語速快的人通常給人「熱情」「能言善道」這類正面印象，語氣生動容易吸引聽者的注意，具備了吸引力和說服力，多半被評價為「有自信、有能力的人」。但是一旦生氣或太激動時，說話速度可能會更快，就可能會讓人留下「急躁」的負面印象。

說話速度太快，嘴型變化也快，發音就會模糊，可能讓人聽不清楚。

「等一下，我沒聽清楚。」

「抱歉，你剛才說什麼？」

說得正起勁，卻被一直打斷，情緒也會受到影響，感覺對方是不是沒有專心聽我說話，心裡在想其他事，就會覺得煩躁。但有時朋友打斷我的話並不是因為理解力差，而是我太激動而越來越快的語速，讓發音不清楚，降低了傳達力，真正讓朋友難以理解的是因過快的語速而導致的不正確發音。

✦比誦讀慢，比講課快✦

在會議或報告時更要保持適當的語速，掌握聽眾的屬性，根據內容的重要性調整速度，可以提高傳達力。比起平常說話的速度要再慢一點，才能讓聽者更容易理解。如果在過度緊張或準備不足的情況下進行報告，就算平常說話不快，在這種時候也會不知不覺變快。特別想要傳達新訊息或希望得到信賴時，更要慢慢地說。放慢說話速度可以讓聽者感覺舒適。但是請注意，如果語速太慢的話，也會讓人感到煩悶、無聊，降低專注力。

根據一份調查結果顯示，將高中教科書中某章節錄音後播放給一般成人聽，最為人所接受的是二五〇～三〇〇SPM（Syllables per minute，每分鐘音節）。〔金聖經、申明善，〈一般成人口語速度偏好研究〉，《語言治療研究》第二十五卷二號，二〇一六年〕。三〇〇SPM相當於一般人看著書誦讀的平均速度，二五〇SPM則相當於教學講課時的平均速度。綜合起來，為了提高聽眾的專注力，讓人留下好感，每分鐘二七〇SPM左右的速度比較恰當，這是可以讓人毫無壓力，聽起來感覺舒適的速度。不過，切記發音要清楚。

所以我們要先確認自己說話的速度和發音，是不是用別人聽起來舒服的速度和正確的發音說話？在說話中間要適當停頓，確認聽者是否理解。平常可以將新聞報導轉貼到文件檔中練習閱讀，簡單就能測出自己說話的速度，還可以用手機錄音回放重播，非常方便。

如果遇到重要的面試或發表，一定要事先練習並錄下來，好好聽聽自己的聲音。平時我們習慣了直接聽自己說話的聲音，但在錄音檔中的聲音是經過空氣、沒有震動的聲音，聽起來會覺得很陌生，不過這才更接近別人所聽到的「我」的聲音，所以聽聽錄下的聲音，才能確認別人聽起來是否舒適。

調整語速的三種方法

❶練習腹式呼吸

習慣腹式呼吸法可以改善呼吸短促、說話變快的情況。在緊張時用腹式呼吸有助於緩和情緒，避免說話越來越快。腹式呼吸具有活化副交感神經、放鬆肌肉、降低心率的效果。

腹式呼吸的要領如下：

一、用鼻子慢慢吸氣，使肚子鼓起（三～五秒）

二、暫時屏住呼吸（三秒）

三、用嘴慢慢吐氣，將腹內的空氣都吐盡（六～十秒）

＊可以將手輕輕放在腹部，感受吸氣時腹部膨脹、呼氣時收縮

❷有時可以停頓久一點

在說話中暫時停頓休息稱為「pause」（暫停），藉此把句子與句子的間距拉開。即使是習慣了快速說話的人，也能利用這個方法放慢語速。在說完一句話之後，要養成充分休息的習慣，在說明重要內容之前也可以先暫停一下，「pause」可以幫助聚焦聽者的注意力，增進理解。你也可以參考以下方法做準備：

暫停也需要練習：是否在應停頓的地方暫停，在說明重要內容前先休息一下？拿出書或選一篇新聞報導大聲誦讀，同時測量時間，感受一下自己語速的變化。

❸說話嘴巴要張大，發音要清楚

快速說話到後來很容易就變得支支吾吾，含糊不清。為正確發音，說話時要張大嘴巴，注意嘴型，這樣也有助於放慢語速。

在責備孩子時也要放輕聲音，這樣可以防止說話變快，避免在不知不覺中提高音量，反而還可以增加說服力。

Note

第三章

從積極聆聽與正面自言自語開始

這世上跟我最親近的人是誰？
朋友？家人？
不，是自己。
我該和自己說什麼？
我要告訴自己什麼故事？
我準備好迎接幸福了嗎？
不要只是等待幸福來到身邊，
要為自己帶來幸福。

遠離閒話與壞話

誹謗會害死三種人，說者、被誹謗者、聽者。——《米德拉西》（Midrash）（注）

「你聽說那件事了嗎？」

「我是聽那個人的前同事說的……」

第三者背後隱藏的故事，總是很吸引人。故事主角不在場的閒言碎語，大部分都是不好的內容。「聽說○○和○○在一起。」這種八卦總是讓人興致勃勃；「聽說他們分手了」更引誘人想挖掘內幕；比起結婚消息，離婚的傳聞更吸引人注意，「真的嗎？」「哇！看不出來他是那種人。」這些附和也自然而然出現。在因好奇心驅使而側耳傾聽的故事中，如果主角正好是本來就沒什麼好感的人，就會不自覺開口跟著加油添醋。即使不是自己親身的經歷也無妨，甚至還會擴及到其他人。

在那樣的氣氛籠罩之下說著閒言碎語，時間會不知不覺流逝，大家越聊越起勁，還會附加根本沒有必要補充的內容，在那樣的氛圍中，很容易感覺大家變得更親近，因為彼此有類似經驗或表現出在同溫層的感覺，更能敞開胸懷。

比起家人，我們在學校或職場度過的時間更多，因此在與同學、同事的關係中，經常出現置身流言的機會。每天重複無趣的日常、承受無法控制的壓力、在同儕間壓迫感的競爭關係……處於這樣的環境中，很容易會因為在某一件事上有共鳴而親近、交心，甚至一起對他人說長道短。有多少上班族每天上班前決心說：「今天絕對不要說別人壞話」「不要八卦」，卻往往在還沒來得及意識到之前話就脫口而出，破壞關係，最後毀了自己的人際。

去年曾與同事一起進行幾個計畫，因為共同關心的話題形成共識的我們，很快就意氣相投，常常互相鼓勵：「試試看，我們一定可以做到！」比起去對一些不足之處抱怨，我們更集中心力在自身能做的事情上，好幾次將危機化為轉機，每次開會湧現的創意帶來大大小小的成果，更產生了自信。長久相處共事的過程中，多虧

注：此書是猶太教對律法和倫理進行通俗闡述的宗教文獻，為猶太法師知識的研究與猶太聖經的詮釋。

了那些總是用開朗的語氣說話的同事們，也感染了我把充滿希望的肯定語氣掛在嘴邊。不僅時時互相稱讚，也會給予其他不同組的同事好評。

從某一天開始，因為好奇而豎起耳朵聽到的誹謗內容讓我感到不舒服。我發現自己遇到討論八卦的場合會悄悄避開，並與習慣說別人閒話的人保持距離。因為與總是互相關懷，用肯定語氣說話的組員們在一起更快樂，更能感受到分享的喜悅和價值。

✦誹謗是低級的語言表達✦

為了突顯自己的存在感或炫耀優越感而誹謗別人，那是低級的語言表達。與其出於嫉妒詆毀他人，不如用稱讚坦率地表達欽羨之意。只要反覆練習，就能習慣用誇讚代替詆毀，自己的心也會變得平靜。

有時候明知道「不應該」卻還是會忍不住說別人壞話，只想向最能理解自己的人訴苦，因為被別人無禮的態度和沒有責任感的行為影響，讓不愉快的心情束縛，受到了傷害。如果平時我對那個「別人」的情感本就是消極的，從語氣中便可以感受到含有負面情緒的內心想法。如果是對有好感的人卻相反，反而會先自省是否有失誤，是否非這樣做不可，對於要說出批評對方的話會非常慎重。但不管原因是從外部或對方那裡而來，又或者以他人或環境為藉口，最終的行為都不會改變。

很多時候，說壞話是因為不了解對方。長時間在一起的人會誤以為很了解彼此，用成見和主觀看法去評價還不夠，還帶著自己的情緒發言。若不想說別人壞話，就要努力去了解對方，透過提問和傾聽產生共鳴，觀察找出對方的優點並給予肯定，對方也會友善回應，那麼就可以減少詆毀，增加感謝和誇讚。

有的人一有機會就會說別人壞話，說的時候就像自己知道什麼重要訊息一樣。也許這是想要受到關注的表現，這種人很可能沒有自信，或常常帶有消極想法，但這樣在背後說人閒話並不會為誰帶來真正的友誼。

西班牙有句諺語說：「在你面前說別人壞話的人，總有一天也會在別人面前說你的壞話。」

《多餘的話》作者齋藤孝就分享，如果遇到有人開始說別人壞話，可以用以下三個方法應對：

❶理解對方的心情

不要無條件地附和，要理解並安慰對方，這樣可以防止閒言碎語繼續延長。

❷自然地改變話題

如果對方一直道人長短，就試著從對方的話中尋找其他話題，自然而然地改變對話內容。以「那是什麼……？」的方式轉移問題。

❸說句能一笑而過的話

「啊，果然是今天登場那位的故事嗎？」

「現在這樣，應該已成為傳奇了吧？」

有很多理由顯示我們不應該參與誹謗，如果要選出其中最重要的一個理由，那就是——為了守護自己的心。在說別人壞話時，心靈會陷入惡念和憤怒之中，那樣有什麼幸福可言呢？若覺得只有詆毀別人才會快樂，那是真的快樂嗎？真心想要幸福，就要從心底做好接受幸福的準備。

稱讚，如實接受就好

「看了這次製作的刊物，實力提高了不少呢！」

「別這麼說。」

「謝謝你，多虧有你的幫助，讓所有行程都順利結束。」

「別這麼說。」

在職場中有十之八九的人，在聽到稱讚時的回應，就像背數學公式一樣，千篇一律回答「別這樣說。」

相反地，也有人會如下這樣回答：

「看了這次製作的刊物，實力提高了不少呢！」

「謝謝前輩。我利用週末時間認真做好。聽到您的肯定心情很好。下個月我想換個樣式，您覺得什麼樣的風格好呢？」

「謝謝你，多虧有你的幫助讓所有行程都順利結束。」

「我也很高興能夠提供一些幫助，這也是一個學習新領域的好機會。如果下次還有什麼需要，請隨時告訴我。」

如果你是老闆，會想和什麼樣的人一起工作？如果是面試時，面試官會給誰比較高的分數？我相信坦然接受上司的鼓勵，表現出積極進取態度的人會更受歡迎。「別這麼說」並非聰明回應稱讚的語氣，反而可能是潑冷水給用正面心態稱讚你的對方。聽到自己說的話被否定的人也許會瞬間啞口無言，想著該用什麼新的話題打破尷尬的沉默。若不是希望對方再強調一次稱讚，就不該否定對方的話，應以坦然明朗的態度接受並回應。

自尊感較低落的人無法接受自己的成果受到批評，也不習慣坦然接受稱讚。不過其實也無關自尊，大多數人都不太擅長接受稱讚，明明因為受到認可和稱讚的心情很好，但要坦率表達出來卻又感到很彆扭，最後只好用「別這麼說」這種語氣以示謙虛，不習慣原封不動地接受別人說「謝謝」。如果對方是職位高的上司，更容易因為緊張而說出習慣的「別這麼說」。從現在開始，試著用明朗的語氣回答「謝謝」吧！既然真的努力了，成果得到好評，就表示我是個不錯的人。承認「還不錯的我」，可以提高自信心，還可以順勢向肯定我的成長和辛勞的對方表達感謝之意。

讚美一個傻瓜，就能讓他成為有用的人。
(Praise a fool, and you make him useful.)
稱讚年輕人，他們就會突飛猛進。(Praise youth and it will prosper.)

如同以上二句外國諺語，稱讚具有激勵的效果。能得到真誠的認可和稱讚是愉快的經歷，讓我們懷著感恩的心接受稱讚吧。自信心提高了，值得受肯定的事也會越來越多。

暢銷書作家同時也被稱為「描繪幸福的哲學家」的安德魯・馬修斯（Andrew

Matthews）說過：

「如果受到稱讚，就說聲『謝謝』，坦然接受。為了成功，我們必須先領悟自己的價值。」

✦若覺得被稱讚很彆扭✦

愛過的人懂得付出，曾受到過幫助的人日後也會幫助別人，而受稱讚感到幸福的人，才知道如何稱讚別人。當我們得到別人的稱讚時，要以謙虛和感謝的心接受，這樣我們也才能稱讚和認可其他人。親身體驗過稱讚的力量，就會知道讚美是非常重要的事。**要將低落的自信培養茁壯的方法之一，就是稱讚**。

如果無論如何都覺得受到稱讚很彆扭，在這裡介紹一個方法。韓國的社會心理學家朴振英在《東亞科學》上的連載專欄「受稱讚時感到不自在的理由」中，介紹了二〇一七年在《實驗社會心理學期刊》上發表的大衛．基爾（David Kille）實驗：

在整體屬性和行動中，人們會根據受到稱讚時關注的焦點，影響接受稱讚的態度。

實驗一

先讓受試者想一個希望實現的目標（例如：更健康）。讓其中一組受試者思考如何（How）才能達成目標，例如努力運動、養成健康的飲食習慣等。其他各組則思考想為什麼要實現那個目標（Why）。

實驗二

給其中一組受試者一個單詞，讓他們思考該單詞的子類別（例如：飲料——燒酒、可樂、柳橙汁）；另一組受試者則思考單詞的上一層類別（例如：飲料——喝的東西、吃的東西）。

實驗結果顯示，具體、瑣碎的行為方式，或聯想到事例組合的人，與抽象想法的組合相比，會更開心地接受稱讚。根據抽象或具體的思考方式或眼光，會有不同的反應。

基爾進一步解釋，比起對一個人全盤性的評價，針對具體行為的稱讚更容易被接受。

如果有人稱讚說「你是一個親切的人」時，就聚然在當下，當作是對剛才協助行為的表現，帶著微笑道謝吧。沒有必要去懷疑「你了解我多少？」「你那樣說是不是要拜託我做什麼事？」。請努力把「別這麼說」改成「能夠幫上忙真是太好了」。

這個世界上沒有人因為十全十美而受到稱讚。不用多也不用少，只要照著實際狀況坦然接受稱讚，就能提高自信。有自信的人更有機會得到幸福！

學習脫口秀主持人的傾聽與呼應法，激起對方的談話興致

現今有所謂的「品牌聲譽指數」，透過大數據來分析消費者行為，以四個指標：參與價值、溝通價值、媒體價值和社交價值，來對品牌進行評價。透過品牌聲譽分析，可以了解什麼人、什麼時候、在什麼場合，會因為什麼原因、如何提及品牌。

二〇一八年八月，以韓國四十名藝人為對象進行品牌聲譽大數據分析結果顯示，綜藝節目主持人李英子獲得了第一名，讓人最容易聯想到的關鍵字有「稱讚、美味、共鳴」等。（韓國企業評價研究所，www.rekorea.net）

十年來，李英子主持《大國民脫口秀——你好》這個受歡迎的長青節目，展現了卓越的共鳴能力。節目中常邀請一般民眾來分享自身大大小小的故事，內容有笑有淚。李英子與其他主持人傾聽、呼應，一同開心、難過，給予安慰、勇氣，帶領觀眾一起融入和理解發生在不同人身上的不同故事。

「傾聽」，有側耳細聽的意思。

為了集中聽取對方的故事，要先把身體「傾」向對方，用「耳」細聽「王」說故事一樣，用「十」足的「目」注視，以「一」顆「心」真誠聆聽。

「呼應」則是一呼一應，彼此聲氣相通，附和或同意對方的話。

擁有溫暖而感性聲音的前播音員李錦姬，也是擅長傾聽和呼應的人。二〇一一年KBS電臺進行的問卷調查中，她被選為視障人士最喜歡的廣播節目主持人，同時長久以來在每天早上的廣播節目中陪伴許多家庭主婦，深獲好評。她的祕訣就是充滿真誠的傾聽，並以溫暖的聲音附和，就像一個認識很久的老朋友，讓上節目的來賓自然而然暢所欲言；她也會很投入地沉醉於來賓的故事裡，不管是捧腹大笑或惋惜哽咽，感同身受的表現讓參與來賓敞開心扉。

「哎喲」「天啊」「是啊」「啊，原來如此」「就是說啊」「然後呢？」

她的表達方式有很多種，而且運用自如，這才真是讓人覺得有意思又幹練的呼應技巧。

每個人都想講自己的故事，如果對方專注傾聽，並且對自己說的話表示同感，就會感到備受尊重。因此，不要只是用耳朵聽對方說，也要用眼睛注視對方，開啟心房去感受。對方也會更打開心門回應：「這件事我是第一次對外人提起。」一直接表達信賴。

《發掘想像，設計吧》的作者李昌賢就表示，將說話的主導權交給對方的人才是高手。

「話」說的長的人是生手。

「話」說的短的人是好手。

能把「話」交給對方的人才是高手。

（生手的例子：校長、主婚人、媽媽、班導師、公司代表等）

想得到對方好感，不必刻意長篇大論，只要傾聽對方說話就能獲得信任。讓我們像脫口秀主持人一樣，善用讓對方能自在、愉快說話的技巧吧。

成為傾聽高手的三種方法

❶專注再專注

人平均一分鐘內可以說225個單詞，但聽力卻是兩倍之功，可以聽500個單詞。若聽到不熟悉的主題，人就會本能地發揮專注力。但一般來說，對於日常熟悉的母語，人們反而容易放鬆注意力，甚至常常一邊對話一邊做著別的事。想想看，你是否有過在每天重覆的上課或會議時間暫時分心，然後突然被點名回答頓時背脊發涼的經歷？

即使是已經熟悉的內容，只要表現出專注的態度，仔細傾聽對方說話，就能輕鬆贏得好感。誠摯地集中於對方的故事，表現出慎重的態度，對方就會對你有好感。一心二用會分散能量，傾聽則會集中能量。

❷練習各種附和的表達方式

——同意：是啊，我也有同感。原來如此。沒錯。很好，有意思。

——表達同感／安慰：一定很辛苦吧。辛苦你。會那樣也是難免。真是可惜。

你一定很擔心吧。怎麼會有這種事。

——驚訝：真的嗎？哇，太厲害了。天啊！

——關心：還好嗎？然後怎麼樣了？請再多說一點，我還想聽。

若反覆說同樣的話來呼應，可能會引起對方誤會，多一點不同的表達方式會比較好。

❸重點詞句要再重覆一遍

例一

「聽說今天來的督學表示一切都沒什麼可以挑剔的，感覺很苦惱呢。」

「哇，沒有什麼可挑剔的？不枉費你昨晚辛苦準備到深夜，應該很有成就感吧。」

「是啊，本來因為時間緊迫還很擔心，總算一切順利，真是太好了。」

例二

「媽媽，我寫的讀書報告大家都說寫得很好呢！」

「大家都說寫得很好啊。妳一定很高興吧？媽媽也想看看夏恩寫的讀書報告。」

「媽媽也想看嗎？」

明確重覆對方話中的重點詞句，並且傳達自己的感受，對方的喜悅就會加倍。《看穿內心情緒的行為暗示心理學》的作者內藤誼人就表示，共鳴的核心不是對話的內容，而是說話者的情緒。

另外根據美國賓州大學的研究指出，相比於只對發言內容做反應，若能針對情緒做出反應，這種「反射話術」就能讓對方多說出27%的單詞量。因此，既然要反射，最好能盡量抓住對方的情緒。

傾聽與呼應，不管是對初次見面的人，或是在某個領域比我更專業的人，都是能幫助持續對話、產生好感的第一步。不要明明不懂還裝懂而強行插話，不如專注傾聽對方，注意對方的情緒狀態，就像和多年在老朋友人敘舊一樣，讓對方自在說出想說的話。切記不要一邊聽，心裡卻默默準備像炫耀知識般的長篇大論。不會聆聽的人也不會說話，會說話的人必然是懂得傾聽的人。

請注意，傾聽的反義詞會是瞎扯喔。

對自己說出積極正向的話語

「謝謝妳成為媽媽的女兒。」
「媽媽有妳這個女兒覺得很幸福。」
「媽媽很感恩妳能來當我的女兒。」
「因為妳是我的女兒，所以我很愛妳。」

每天早晨，我都用這些話叫醒女兒夏恩，大概從她三歲開始就這麼做，我也沒想到會持續這麼久。或許這就是話語的力量，帶著既有的語調和節奏，語氣自然變得柔和。這些話成了我和心愛的女兒共同迎接一天的甜蜜儀式。

偶爾也會遇到時間緊迫的時候，「夏恩，快起床！」「我說快點起床！」「金夏恩！」「昨天我不是叫妳早點睡嗎？」類似這些話就不是溫暖的擁抱，而會刺痛對方的心。

因為時間緊迫而著急起來，所以聲音不知不覺放大，實際上卻會為每個人帶來反效果。不斷嘮叨孩子，他們的動作反而變得更慢，而自己往往一直到人都進了辦公室，心緒還是不平靜。因為是開啟一天的早晨，對話更要慎重。

YouTube 點擊率超過一百億次的童謠〈Baby Shark〉，可說是許多人耳熟能詳的歌曲。歌詞「Baby Shark, doo-doo, doo-doo 」不斷重覆，聽過一次就會在耳邊不斷迴盪，讓人忍不住跟著哼唱，也難怪會被列為學生的大考禁曲。早晨的第一句話其實也有類似影響。想想早上睜開眼睛，迎接新的一天時，你習慣說什麼話呢？

一大早的你會說什麼？「睡得真好。」「真是清爽的早晨。」「今天會有什麼事發生呢？」用夢想、幸福、愛與感謝的肯定語氣開啟一天，告別「好煩喔」「不想上學」「真不想上班」「好累」這些抱怨、不滿的否定語氣。

以肯定的語氣開始一天的人，在待人處事和工作態度上也會很積極，不僅會有很好的成果，在遇到危機時的對應方式也會不同。一點點小差異一天一天慢慢累積，一個月、一年、十年，就會創造出完全不同的人生。

曾經有個新聞，一對夫婦捐贈了鉅額財產以幫助美國境內貧困的學生們，引起大家的討論。他們慷慨解囊捐出四億六千萬美元，協助家境困難的學生進入大學就讀。自一九九四年至今，捐贈的金額已達三百五十億美元。

他們正是微軟公司的創始人比爾．蓋茲夫婦。比爾．蓋茲曾說過自己的致富祕訣，就是每天早上都告訴自己：「今天會有好事發生！」

他並非是成為世界級的首富才認為有「好事」，而是因為相信會有「好事」的態度，造就了現在的他。

要小心想法，因為那會成為一句話。
要小心說話，因為那會變成行動。
要小心行動，因為那會變成習慣。
要注意習慣，因為那樣會變成人格。
要小心人格，因為那會成為人生。

這是美國心理學家兼哲學家威廉．詹姆士（William James）說過的話。言語雖然反映了想法，但有時重覆說過，想法可能會改變，改變後的想法又再成為言語、成為習慣，甚至會影響人生。

印第安人有一句諺語，「同樣的話重複一萬遍，未來一定會實現。」

✦改變未來的外號以及祈禱文✦

我有兩個外號，一個是「創意銀行」，另一個是「熱情的代名詞」，前者是軍校三年級的同學取的，後者則是三十多歲時一起受訓的隊員取的。現在我四十多歲，仍然時常聽到別人說我「有很多想法」「很有熱情」，若他們知道了我的外號，總是會不約而同的說：「太適合妳了。」當初取名的同學和隊員或許沒想到，因為這些外號，讓我的人生態度和人生方向產生了變化。

「五年、十年、二十年後的我會是什麼樣子呢？」具體地想想自己未來的面貌吧，用肯定的語氣反覆表達「我是○○」，讓想像成為真實。

你希望從外部環境湧來的負面想法介入自己的人生嗎？你難道不想對抗環境的阻礙，好好掌握自己的人生嗎？那麼當你從睡夢中醒來、睜開眼睛的瞬間開始，就為自己送上肯定的話語吧。

美國前總統富蘭克林（Benjamin Franklin）五十年來每天都祈禱，我也為了每天清晨的例行祈禱而寫下祈禱文：

親愛的上帝，感恩您讓我以感謝和熱情開始新的一天。
請讓我發現主的旨意，而不是我的想法。
請主賜予我智慧和相遇的幸運，成為產生良善影響力的人。
請讓我的謙虛充分運用在體現主的榮耀上。
從我開始，請引導我成為改變家庭、職場、教會、社會以及這個國家、世界的奇蹟。

若沒有信仰也沒關係，還是可以為自己寫下祈禱文。沒有祈禱文也無妨，還是可以將充滿正能量和熱情的早晨第一句話獻給自己。今天和昨天不一樣，讓我們懷著對未來的期待感迎接每一個早晨吧。

眾所周知，激勵的效果並不長久，
就像沐浴後的舒爽一樣短暫，
所以才需要每天實行。

——吉格・金克拉（Zig Ziglar）

一句小小的肯定，可以釋放被囚禁的心

「沒關係。因為盡了全力，所以沒有後悔。我最近正在學習寫作，目標是在十月底完成。會這麼做就是為了在遇到像今天這樣的情況時，可以不受影響，不偏移中心。再過不久，我一定會成為更優秀的人。」

「妳現在就已經很優秀了，妳的熱情和真誠值得讓人學習。沒想到妳竟然在寫作，真了不起。對於擁有無數創意和熱情引擎的妳，我很期待妳的作品。看妳這麼有活力，我也要來檢討一下以太熱為藉口而變得無力的自己了。」

二〇一八年八月十四日，中校晉階結果公布的日子，在得知未晉階的消息後，和平時很尊敬的前輩互傳訊息，以上就是當時的一部分內容。消息傳開後，我接到許多前後輩和同袍的慰問電話，大部分的人都是小心翼翼地問：「妳還好吧？」「一定很失望吧？」，到後來都以「真不愧是妳」「上帝一定是為了交給妳更大的任務」

這類肯定和鼓勵的話結尾。

一直以來努力的結果沒有獲得認可，雖然略感惆悵，但內心神奇地感受到更多平靜，以及重新開始的悸動。我並未將自己囚禁在「為什麼會失敗？」的提問裡，而是思考「接下來如何實現我的夢想？」

平時為我犧牲不少的丈夫和孩子、婆家及娘家長輩，也都用肯定的話給我力量。丈夫說：「這段時間辛苦了，沒關係。」用愛撫慰我；婆婆說：「上帝會引導妳走上更好的道路。」娘家父母也給我勇氣，叫我不要灰心。他們一直以來都為我祈禱，照理說他們應該也很失望，但是誰也沒有說出負面的話。如果周圍都是肯定的話語，那麼負面想法就會像融雪一樣消失。雖然晉升中校落選，但轉念一想，這也許是讓我能放更多心力在教育孩子上，反而覺得感謝。女兒知道媽媽有多麼努力，所以默默地抱了我一下，接著閃著明亮的眼睛問：「媽媽，現在妳想做什麼呢？」

遇到負面的情況時，只要說正面積極的話，就可以改變心情和情況。積極的話語會改變我們看待現實的觀點和態度。積極的話語裡有能量，可以為說者和聽者充電，將不幸轉化為幸福，將失望化為期待的強大能量。我們可以透過積極的話語蓄積力量。為了讓來自外界的積極話語能觸及我的心，我們要在心裡鋪路，持續給自己鼓勵。如果將積極性內化，那麼不需刻意，思考模式也會朝幸福的方向前進。

近來研究大腦的科學家們發現，利用催眠療法會對人類大腦產生積極影響。醫界將研究成果應用在臨床上，在治療恐慌、不安、恐懼、皮膚斑疹、過敏性腸躁症、慢性疼痛等神經性疾病方面有顯著成效。在青少年及兒童醫院，運用「話語」的治療方式也備受矚目。

華盛頓大學的心理學家大衛・帕特森（David Patterson）教授就表示：「像冥想一樣，催眠治療也能強化大腦的自然治癒能力。如果能適當利用這一點，就能幫助負面的心靈和肉體恢復正常。」（《The Science Times》，李康奉，二〇一七年六月十二日）

說話有自我催眠的效果。心理學家證明了「人會依照說話的內容行動，透過行動產生說話的結果。」如果改變說話的內容，思想、行動、身體就會起變化。

不管是肯定還是否定，話語都會成為種子並結出果實，這也就是為什麼在遇到困難的情況下，必須避免用話語表達負面想法和不滿的原因。如果希望得到幸福，就應該使用能召喚幸福的感謝和謙遜的話語。愛爾蘭有句諺語說：「上帝若關了你一扇門，會為你開另一扇窗。」如果我現在的語氣是積極的，就可以在遮擋前路的牆上打一個洞，讓明亮的光灑入心扉。

黑暗降臨時打孔透光的三種方法

❶管好嘴巴

成功的人不會說消極的話。所以不要常說「沒有時間」「沒有錢」「快死了」「做不到」。成功的人會說「我會抽出時間」「有活力」「我可以做到」「一切會越來越好」等肯定的話。不是因為成功了才說正面肯定的話，而是因為先反覆說了數千次、數萬次肯定的話才成功。當你說出積極話語的瞬間，問題也開始解決，夢想逐步實現。

❷規律的祈禱時間，也是為自己送上積極話語的時間

祈禱也算是一種自我催眠。有人覺得在心裡默想就可以了，但如果能大聲說出來會更好。祈禱時說的話是積極的，正向的祈禱絕不會讓人陷入負面的泥潭，反正會讓人領悟感激與平靜，更有動力夢想未來。

看著鏡子，用明朗的表情對自己說：我是「幸福的人」。千萬不要忘記一句話可能會改變某個人的一生。

❸多看一些可以激勵自己的書

戰勝挫折並取得成功的人擁有智慧，若能看過他們的故事，可以減少失誤，培養自信心。

「行不通」「反正是沒辦法」這些否定的語氣，無法幫助我們通過黑暗的隧道。如果改變語氣說「重新開始吧」「一定會找到新的道路」，那麼心態也會改變，進而創造行動和未來。透過全新敞開的大門邁出腳步，就會遇見能幫助我的人，同時從某個瞬間開始，我也會成為給予幫助的人。

第四章

我的語氣將來會成為孩子的語氣

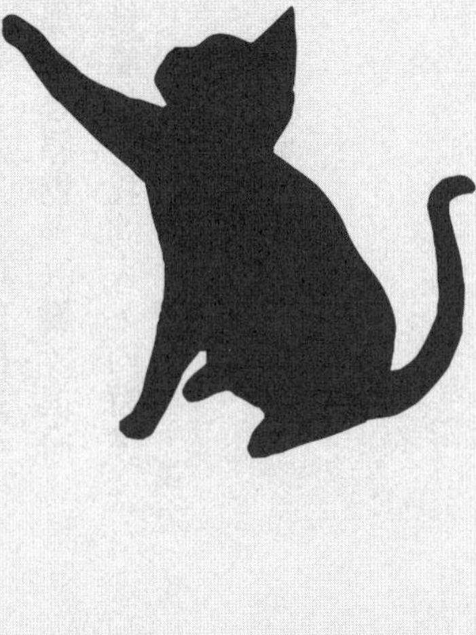

又煩又累……是啊，
為人父母哪有不累的呢？
所以我也會生氣、也會覺得不耐煩，
雖然這樣不好，
但總以「都是因為我太累了」而若無其事這樣下去。
可是當我得知自己的情緒會傳染給家人，
甚至對家人的未來產生負面影響時，
我決定展開「二十一天不對家人生氣計畫」。

不能因為親近就口不擇言

因為下班比平時晚，所以我匆匆忙忙地準備晚餐，這時丈夫說有事想跟我討論。雖然我口中問「什麼事啦？」卻伴隨著水槽的流水聲和電視機的聲音，心不在焉地聽著。過了一會兒，丈夫突然提高了嗓門。

「老公，你那麼大聲做什麼？」

「是妳先發火的。」

「我發火？我沒有生氣啊。」

「妳的語氣聽起來就像生氣。」

對話就此中斷，未再繼續。我明明沒有生氣，是丈夫自己提高了嗓門，卻還怪罪我。但是聽到他說：「妳的語氣聽起來就像生氣」，我一時之間也說不出話。

那天晚上，看著一臉不高興的丈夫，我回想當時的情況。當丈夫說有事情要跟我討論時，我一心只想著孩子們餓了，要盡快弄好晚餐，所以並未放下手邊的工作，心想一邊做菜一邊聽就好。在這種日常生活的場景中，我們的語氣經常會不知不覺就變得無心和粗魯。如果我急著準備晚餐，應該先向丈夫說明取得諒解，「老公，如果不是很急的事，可以待會兒吃飯時再說嗎？孩子們都餓了。」這樣就不會造成對方不高興，也可以在適當的時候專心談話，同時語氣也不至於會讓對方認為不當。

回想起來，丈夫之前曾對我說過：「妳知道妳說話時感覺好像很不耐煩嗎？」當時的確是生氣和煩躁的狀況，所以覺得自己沒有什麼不對，更何況我在職場工作了二十多年，自覺在待人處事上已經駕輕就熟，因此對丈夫的忠告不以為意。

但是隨著近來對說話的語氣越來越關注，這回丈夫的反應帶給我強烈的震撼，我認真地反省自己平時在職場和家中說話的語氣。

在工作職場或其他場合，因為意識到要給人親切的印象，所以會特別留意、避免口誤。就算心裡不高興，也會努力克制情緒，希望可以營造愉快的對話氛圍。

相反地，回到家裡卻常常用催促、不耐煩的語氣如實表達疲憊，不僅會毫無保留地發洩憤怒，還會提高聲量壓制孩子。

平常對家人說話的語氣在回想中赤裸裸地一一曝露出來，羞愧和歉意剎那間湧上心頭。我為什麼對共享親密日常的家人就這樣隨便說話呢？我為什麼每天都向家人傳播煩躁的病毒，還覺得「因為我生氣了，所以有權發洩情緒！」

在家人面前說話的方式，就是向家人展示我是一個怎麼樣的妻子和媽媽。即使再沒有惡意，但話中帶刺就是不該有的態度。讓對方感到不愉快和不舒服的語氣，絕對無法打開對方的耳朵和心扉。

美國詩人兼思想家艾默生（Ralph Waldo Emerson）說：「別人會根據你說的話來評斷你，不管順心或違意，我們說出的每一句話是等於在他人心中為自己畫肖像。」

溝通只有雙向進行時才能實現。與對方關係親近並不代表可以為所欲為，相反地，越是親近越要互相交換正面積極的話語。為了和心愛的家人、朋友、同事減少矛盾、促進了解，我們要先檢視自己說話語氣，因為今日我說出去的話，最終會以某種形式回到我身上。不只為了親近的人，更要為我們自己時時反省語氣，要記住——**我所說出的話受益最多的是自己，受害最大的也是自己**。

必須改變語氣的三個理由

❶會對孩子的未來造成影響

說話有種回音定律，我們可以用成語「禮尚往來」解釋，只有先尊重和認同對方的語氣，自己才會得到認同。

如果對象是可愛的孩子又怎麼樣呢？孩子會模仿父母的「行為」來學習生活規範和習性，因此父母說話的語氣也會成為孩子學習的重要內容。仔細觀察孩子的笑容、笑聲、行動，用心注意孩子說話的語氣，便會發現父母對孩子的影響很深遠。那麼，你真的要放任孩子那樣說話嗎？

❷話語有改變人生方向的力量

除了孩子的未來，話語對我們自己的未來也會造成影響。我們說出的話影響最大的就是自己，那些話會以任何形式在我的人生中發揮不同的力量。因此，要檢視自己正否常常反覆使用某些詞，想想這些詞對我的未來會有什麼影響。現在你是不是常常把「不行」「沒辦法」「做不到」等負面的話掛在嘴邊？如果是，那就換成

「試試看」「我可以做到」等肯定性的句子吧。

❸擺脫閒言碎語，召喚幸福

在幸福的瞬間，神奇的是從我的嘴裡只會說出肯定、感謝、稱讚，當我說出詆毀的話時，就是現在不幸福的信號，反映出自卑或不健康的情緒狀態。說出詆毀的話所產生的負面情緒垃圾會原封不動壓在自己肩上，帶著那份壓力回家或與朋友見面時又會是什麼心情呢？詆毀或否定性的話語就像顏料，一旦沾染上，就很難褪去，甚至會滲透入心。

害人的話反而會害了自己。
含血噴人，先染紅的是自己的嘴。

——《明心寶鑑》

不對家人生氣的21天計畫

「媽媽，這個彩色紙是誰摺的？」

「今天在跆拳道館收到了幾個貼紙？」

「媽媽，今天考試，第五題有點難，但是……」

因為下班太晚，忙著準備晚餐，女兒卻圍在身邊嘰嘰喳喳；好不容易坐在沙發上休息後，兒子卻雙手捧著我的臉東瞧西瞧。孩子們總是拚命引起我的注意，想要我聽他們說話，在一旁的丈夫說道：

「很幸福吧。」

接送孩子回家、幫孩子準備點心、陪孩子玩桌遊的爸爸似乎覺得被孩子背叛了。

我們家的孩子平常不太會說在幼稚園或學校裡發生了什麼事，很少會主動提起在外面的遭遇。對於提問，也多以簡單的「不知道」「是祕密」回應。但今天他們卻主動說起這一天發生的事，不等我開口提問就爭先恐後地說話，這是很大的轉變。這都是身為媽媽的我反省和努力的結果，而爸爸並不知道，媽媽正全心全力努力進行「二十一天計畫」。

「把聯絡簿拿來。作業都做完了嗎？習題都寫完了嗎？不要看電視了。去複習英文。睡覺前要把桌子整理好……」

不久前的我，下班回家後就開始嘮叨，嘴裡不停催促孩子做這個做那個，只要孩子稍微遲疑，就不耐煩地說：「做了還是沒做？」「趁媽媽準備晚飯的時候做好。」「動作快一點！」日復一日，這些話會一直到星期五晚上才停止，然後星期一又再次循環出現。對待孩子說話的語氣，就像在職場對下屬指示的語氣一樣，面對這樣的媽媽，孩子又怎麼會願意分享呢？

聽過《表達出來才是愛》的作者李珉奎教授的講座後，下班回家的路上，我便決心展開「二十一天不對家人生氣計畫」。雖然決心反反覆覆，卻仍迫切地想改變，於是向同事們公開宣告自己的決心，也尋求孩子們的支持。

「媽媽有時會忍不住對你們大聲說話，但事實上我很想對親愛的夏恩、夏民輕聲細語、好好說話，媽媽會努力，你們也一起幫忙好嗎？」

堅持了二十一天，每天都仔細察覺細微的變化，孩子們也很幫忙，誠實地監測媽媽的語氣，即時反饋。雖然期間經歷多次掙扎，但我始終沒有中斷放棄，持續努力改變，所以孩子也一起有了改變，變得開始主動分享他們在外面的體驗和感受。

✦如果不得已說了一句負面的話，一定要說五句肯定的話語✦

韓國教育電視臺EBS進行一項實驗，邀請五位成績名列前矛的學生，以及五位成績中等的學生，連同他們的母親，一起以親子間最常發生的問題進行對話。

兩個組合都以遊戲、做家事等在家庭中經常發生爭執的主題進行對話。十五分鐘的對話結束後，孩子們的反應有很大的差異。成績名列前矛的學生那組，他們的母親說話語氣明顯不同，直到對話結束，都只針對錯誤行為描述，並未加入個人情緒。對話過程中氣氛沒有僵化，孩子們的表情也一直很明亮，結束時甚至還露出笑容。

「真羨慕你能那麼樂在其中。」一位母親這麼說，她真心認同孩子的感受，而她的兒子也笑著說：「我覺得很滿足，我得到了想要的東西，媽媽說不定得到更多呢。」看著他們，我覺得很羨慕，有多少父母可以和處於青春期的兒子那樣笑著對話呢？

相反地，另一組的對話過程中，母親們不斷指責，而孩子們也爭相反駁。聽到了媽媽生氣的聲音，孩子的表情也越來越僵硬，即使實驗結束後，大家還是都板著一張臉，甚至還有孩子哭了出來，毫無共鳴、互相指責的對話過程，充滿了「火氣」。

首爾女子大學兒童青少年心理研究所的南恩英教授團隊，針對家長的對話進行科學分析。透過細微情緒指導系統，以秒為單位觀察，分析出接受、關愛、指責、輕蔑、嘲弄等十六種情緒。成績中等學生那一組的家長，指責占40%、憤怒占了34%，負面的對話比重較高。而名列前矛的學生們，則對與母親的對話感到「很自在」「愉快」「有益」，積極正面的感覺占了74%。

孩子開心地笑時，父母也要一起笑。要理解孩子的情緒，適時呼應，發揮父母的共鳴能力。對於傷心難過而淚流不止的孩子，應該說：「看你這麼難過，媽媽也很心痛。」孩子是經由母親學習和培養共鳴能力的。「很好玩嗎？」「不准哭！有什麼好哭的？」在這樣諷刺的語氣下，孩子感受到的是被「拒絕」，漸漸會與父母疏遠。尤其是青春期的孩子，當他們轉過身背對父母時，那就太晚了。未來與子女產生矛盾時，能否透過對話有智慧地解決，便取決於父母現在如何溝通的語氣。

誰都不喜歡吵架，但在與子女對話的過程中，如果音量變高，就應該改變語氣。比起邏輯性的對話，能感受共鳴的語氣更重要。拋開具強迫性、指責的語氣，用愛和共鳴的語氣與孩子對話。南恩英教授表示，肯定語和否定語的比率至少需為五比一，才能維持良好的關係，肯定言的占比越高，孩子才越能感到幸福。

父母對孩子的話產生共鳴，孩子自然會主動接近父母。共鳴不是心不在焉地回答「是嗎？」應該給予擁抱或豎起大拇指說「真是太棒了！」「了不起！」父母的肯定稱讚、鼓勵的語氣，可以提高孩子的自信心，在共鳴的對話中刺激、活化孩子的大腦功能。

當兒子抱怨「媽媽為什麼都不聽我說話。」媽媽回答說：「我正在聽啊。」看了一眼兒子，兩手卻仍不停忙著家務，在孩子心裡，會認為媽媽只是假裝有聽，或只聽自己想聽的部分而敷衍，如此一來，就會逐漸把心封閉。

今年夏天格外炎熱，我經常和孩子一起去咖啡店，有清涼的飲料和溫馨的照明，可以輕鬆對話，最重要的是沒有需要處理的家務，更能將注意力集中在孩子身上。我們沉浸在不受妨礙地傾聽彼此說話的氣氛，有時是並排坐著，互相挽著胳膊；有時是面對面坐著，看著對方的眼睛，專心交談，如此一來，就算有什麼矛盾也能順利解決，不需要大聲說話，也能達到想要的結果。

所有父母都希望自己的孩子成績能名列前矛，那麼，就先學習那些名列前矛的學生家長說話的方式和行動吧。即使孩子一時不習慣，驚訝地問：「這是我媽媽嗎？」也不要停止改變，持續用溫暖的語氣與孩子產生共鳴。

家中最缺乏的「謝謝」

「謝謝您盡速完成確認，多虧了您，今天可以交件了。」

「上次推薦的店，家人都很喜歡，我們還會再去光顧，謝謝你。」

「我照您昨天說的去做，孩子的反應果然不一樣，謝謝。」

「謝謝，咖啡香味一下子就消除了疲勞。」

在工作中的對話或郵件裡總是伴隨著謝謝，即使再忙，也不忘短暫的感謝問候。習慣表達感謝的辦公室裡沒有矛盾，無論是誰提供幫助，無論大事小事，總是以謝謝結尾，有什麼煩惱、資訊、智慧也互相分享，自然而然就養成彼此表達謝意的習慣。不僅在工作上提出建議，在一些對子女的期望或其他瑣事也都把謝謝掛在嘴邊，對得到幫助的人和給予幫助的人都會是幸福的瞬間。同事可說是比家人相處時間更長的人，對他們表達感謝，工作感覺也會很美好。

但是相反地，我們卻對最親密的家人吝於表達感謝。老是認為丈夫的關懷是應該的，就算我不說他也會知道，又或者覺得沒有必要針對一些瑣碎小事道謝。但是反過來想，當我覺得自己對家庭的付出沒有得到家人的認可時，也會覺得委屈。隨著孩子們的成長，家庭內的「愛」和「感謝」都變得習以為常，方便給多了就當隨便，日常的力量有時真是可怕，特別是直到後來才了解，在理所當然的日常背後，正在滋生、累積遺憾和不滿。

若想恢復家人之間中斷的對話，守護幸福，就要具體表達感謝之意。為了祝賀丈夫五十歲生日，我和女兒一起寫了封「五十個感謝」信。一字一句都是用心寫下的感謝，無論是收件人還是寫信人，都深受感動。未經過訓練的表達或許很生澀，但在寫的過程中不斷回想起過去的時間卻很幸福。對細心照顧孩子的丈夫，和感謝爸爸的女兒，我都充滿感激。即使沒有華麗的辭藻，簡單樸實的表達也無妨，只要具體表示感謝就可以了，那樣親子之間、夫妻之間的對話會變得豐富多彩。**讓家庭幸福持續的力量就是感謝**。

如果想培養成充滿活力、專注力高的孩子，就要讓他養成感恩的習慣。美國精神醫學家兼神經科學家艾門博士透過實驗證明了這一點，感恩的心不僅能讓人感到幸福，還能幫助大腦發揮最大功能。透過放射線斷層掃描，發現隨著情緒變化，大腦的血液量也會跟著變化。

當得到孩子的幫助時，請記得表達衷心的感謝。從父母身上學習到感恩的孩子，大腦自然也會習慣感恩的話語，同時幫助提高專注力和記憶力，會以積極的態度取得他人的認可和尊重。

感謝的話可以激勵人心，發揮肯定的力量。「啊，好煩喔，這又是怎樣？真是太誇張了。」當心中產生不滿和怨恨，怒氣湧上心頭時，就提醒自己要說「謝謝」。突然改變的行程、不斷增加的工作，不會因為生氣就得以解決。或許抱怨可以消除壓力，但大部分的結果是累積更多不滿，意志變得更消沉。當我把「搞什麼，週末還要工作？」改成「週末有空可以找資料，真是太感謝了。」同事們聽到都笑了起來。大腦受「謝謝」這句話的影響之大，在與同事們一起大笑的同時，也激起我「一定要寫好報告」的欲望。

◆感謝是魔法◆

幸福總是從感謝之門進入，從抱怨之門出去。小心，別讓幸福從抱怨之門漏出；記住，開啟感謝之門，讓幸福進入。

——西方諺語

在各種情況下，都要努力找出感謝的理由，那麼即使環境沒有改變，也能帶來幸福，最終就會產生改變環境的能力。在感謝的語氣中蘊含著積極的力量。

羅伯特．毛雷爾（Robert Maurer）是一位臨床心理學家，任職於加州大學洛杉磯分校醫學院和華盛頓醫學院。他在著作《非常小的反覆力量》中，介紹一家面臨破產危機的醫院，在諮詢後得知患者最大的不滿在等待診療時間過長，為了解決這個問題，羅伯特制定了一個小小的戰略。他指示醫護人員和職員多多向患者說「對不起」「謝謝」，沒想到不久之後患者的滿意度大增，轉院的人減少了60％。雖然平均等待時間沒有變化，但患者們卻因醫護人員的話語而對醫院改觀，紛紛表示：「這真是一間親切的醫院。」

每年年底，電視臺都會舉行各種領域的頒獎典禮，對大大小小的頒獎典禮從未有特別印象，也沒有支持的藝人，即使認識的藝人不多，卻也能充分受到感動，因為在頒獎典禮上獲獎者發表的感謝，以及其他藝人真心祝賀的模樣讓人深深動容。

二〇一八年KBS演藝大賞得主李英子，成為「首位獲此大獎的女性藝人」，她在發表感言時說：「有很多值得感謝的人。雖然我獲得了這個獎，但我知道這並不只是我個人的成就。」她謙遜表達感謝的模樣讓我留下深刻的印象。她對同甘共苦、共同戰勝困難的工作人員到家人，都一一點名致謝，聽到她的得獎感言，也接受到她傳遞來的正能量，我的嘴角不禁露出微笑。

感謝的人會受到認可和尊敬，因此應該暫時放下自己的努力，謙虛地表達「謝謝」「多虧了您，才能順利完成」。對於上司指派工作，以「謝謝您的信任」「多虧了科長指導，我才能迅速完成。謝謝。」來回應，超越工作出色的員工，成為讓他人想一起共事的人。向別人表達感謝的效應，會像迴旋鏢一樣重新回到自己身上。

「感謝上帝，謝謝您讓我健康地開始嶄新的一天。」

「感謝上帝，因為感冒讓我鼻塞而呼吸不順。但也因此讓我領悟到心靈呼吸的重要性，謝謝您。」

「感謝上帝，即使並非您的原意，也感謝您給予我們值得感謝的信任。」

不只是平常，在感到迫切或灰心的時候，也總是以「感謝上帝」展開祈禱。生氣、煩躁、不滿的日子也一樣，從小到大，祈禱的第一句話總是「感謝」，這已經成為習慣，在不知不覺間也帶來「凡事感謝」的平和心境。

感謝就像魔法一樣，可以提高幸福指數，降低憤怒，具有治癒痛苦記憶傷口的魔力。**養成感謝的習慣，對自己和他人的態度會改變，人生也會改變**。

想好事，就會有好事發生；想壞事，壞事就會臨門。朝思暮想的那件事，必會實現。

——約瑟夫·墨菲（Joseph Murphy）

※

或許大家會好奇，在此就介紹「五十個感謝」信。

給夏恩最～～愛的爸爸

【謝謝爸爸】

1、謝謝爸爸愛我。

2、養育我健康強壯。
3、總是愛我、對我很好。
4、當我的朋友來玩時做好吃的辣炒年糕給我們吃。
5、當我的朋友來家裡玩時，把家裡整理得很乾淨。
6、為了想練習鋼琴的我在鍵盤上放了乾電池。
7、載我和朋友多賢一起去遊樂園。
8、抽出時間帶我和朋友一起去玩跳跳床。
9、幫助我背誦了甜蜜的話語。
10、讓我上補習班學英語。
11、放假或者下班後會抽時間帶我去汗蒸幕。
12、說我比媽媽還聰明。
13、我幫弟弟做積木車時，稱讚了我。
14、給我零用錢捐贈。
15、鋼琴演奏會時，一直待到最後。
16、聲樂發表會時也一直待到最後。

17、偶爾我起床太晚，會送我去學校。
18、下雨天會到補習班接我。
19、幫我買文具。
20、買衣服給我。
21、把差點死掉的金魚救活了。
22、夏天會開冷氣讓我們涼快一點。
23、冬天為我們開暖氣。
24、帶我去配眼鏡。
25、偶爾會幫我綁頭髮。

給延注最～～愛的老公

26、感謝你成為可愛的夏恩、夏民最棒的爸爸。
27、當孩子對媽媽沒禮貌時，總是站在我這邊。
28、為了照顧孩子，犧牲自己居家工作。
29、週末照顧孩子，讓我可以去擔任義工。

30、幫我晾衣服。
31、當我下班比較晚時幫孩子準備晚飯。
32、支持我一週一次去外地出差。
33、在教育夏恩、夏民意見不同時，仍然相信並監督我。
34、有時會幫忙打掃客廳，維護舒適的環境。
35、經常代替健忘的老婆把冰箱裝滿。
36、鼓勵我買新衣服。
37、欣然答應投資時間與金錢的閱讀教育。
38、比媽媽更會哄孩子們睡覺。
39、在忙碌的早晨幫忙照顧孩子上學。
40、答應以後和孩子一起讀聖經。
41、陪我一同進行清晨禱告。
42、當我有工作在身時陪夏民一起上足球課。
43、總是尊重我。
44、總是傾聽我說話。

45、當夏恩帶朋友回家時，總是做好吃的點心並親切招待孩子們。
46、從不忘記結婚紀念日，總會提前買蛋糕。
47、買夏民的零食時不忘也幫我買一份。
48、提供金錢上的支援讓孩子參與捐贈。
49、照顧孩子讓我可以放心參加聚餐。
50、認同我的教育方式，讓孩子們愛上閱讀。

真的真的很感謝。

真心愛你，同時也尊敬你。感謝上帝讓我與孩子陪你一同迎接第五十個生日。

給丈夫的「五十個感謝」像迴力鏢一樣，在我生日那天透過女兒回到我手上，變成了「四十三個感謝」呢。

用大腦喜歡的方式搭話

兒子：如果都賣光了怎麼辦？
媽媽：那就去其他文具店看看啊。
兒子：如果其他文具店也沒有呢？
媽媽：那就去大一點的文具店找找。
兒子：如果還是沒有呢？
媽媽：姊姊知道在哪裡買得到，跟老闆預訂就好啦。
兒子：可是……
媽媽：兒子！我們現在連一間文具店都還沒有去。如果真的發生那種狀況，媽媽會想辦法買到，你不用擔心啦。

女兒去參加兩天一夜的夏令營，於是週末晚上我和兒子兩人一同出去吃飯。回家路上，我問他要不要買個禮物？兒子想要和姊姊一樣的鉛筆盒，於是我爽快地答應了。兒子很開心，但隨即便開始擔心萬一買不到跟姊姊一樣的鉛筆盒該怎麼辦。面對兒子擔心的疑問，我終於忍不住大聲了起來，突然想讓兒子改掉負面想法的習慣，藉此機會，我決定解決這個問題。我放棄趕回家看喜歡的電視劇，和兒子一起跑了四間大型文具店，卻都找不到兒子想買的鉛筆盒。最後回到社區裡的小文具店請老闆訂購。兩天後，兒子拿到了新的鉛筆盒，露出了燦爛的笑容。

大聲說「不要擔心」「不用煩惱」真的有助減輕七歲兒子的顧慮嗎？我沒有自信。因為討厭哭鬧的聲音，所以把煩躁發洩出來，只會留下自責和對兒子的歉意而已。

那麼，「不要擔心」「不用煩惱」，為什麼對解決問題沒有幫助呢？

因為指示行為的語氣，對引導行動實際上並沒有太大的效果。紐約心理學家R．S．辛巴羅（R.S.Cimbalo）博士進行一項實驗，參加者需背誦約六十多個單詞，然後要求其中一組人「忘記」，另一組人「記住」。結果顯示卻相反，被要求「記住」的那組只記得60.6％，而被要求「忘記」的那組卻記得64.8％。

如果接到「必須做」的指示，就算原本就有心要做，但去做的想法也會消失；相反地，接到「不要做」的指令時，負面情緒會先出現。

因此，比起指示行為的話語，提及沒有做出任何行動的積極和消極面向會更有效。因為在非他人強迫，而是自己所做的選擇時，行動的持續性更可期待。例如，對孩子們說：「不准看影片」「每天都盯著看會網路中毒」這些話，顯示根本不懂大腦的特性。相反地，應該改變語氣說：「挑一天看影片就好，要選星期幾呢？」才是對症下藥。我照那樣改變說話的語氣，孩子的態度確實改變了，兩個孩子持續好幾個月都沒有反抗，一直遵守著對自己的約定。

在職場上也一樣，「你去做——」這種枯燥無味的指示語氣，對取得理想的成果沒有幫助。相反地，應該將業務的重要性與對方的工作成果連起來，傳達信任的話語。能力得到認可的員工即使加班也會全力投入，提供工作熱忱低落的員工選擇的機會，也是激勵的方式之一。

◆語言成為現實是大腦的特性◆

只說「不要擔心」「不用煩惱」還會有其他問題。

創立神經語言學的阿爾弗雷德．柯日布斯基（Alfred Korzybski）將我們在理解文章之前先理解個別單詞的現象，稱為「語意學的反應」。例如，當我對兒子說「不要擔心」時，兒子的大腦不是對「不要擔心」有反應，而是先對「擔心」這個詞反應，結果被「擔心」束縛。

也就是說，大腦並沒有做好接收完整一句話的準備，就先做出反應，而這個反應具有很大的影響力。因此，如果遮遮掩掩地說話，或許會對孩子造成不好的影響。

大腦甚至還具有無法區分想像和現實的特性。在越戰時，美軍一名士兵被俘擄了七年，他在監獄裡每天想像打高爾夫球，獲釋後回到美國，他便成為了高爾夫選手。這是因為大腦把想像和現實連接起來而造成的結果。

話語比較接近想像和是現實？答案是靠近想像多一些。話語是激發想像力的手段，如果我們說「蘋果」，實際上蘋果不會出現在眼前，而是聽到「蘋果」後在腦海中想像。換句話說，話語和想像力一樣接近大腦。

二〇〇九年，MBC電視臺製作了「韓文日（注）特輯」節目。在節目中針對二十多歲的年輕人，在事先不知情的情況下，看到製作單位準備象徵「老人」的單詞，步行速度即慢了二・三二秒。相反地，當看到象徵「年輕」的單詞時，人們的步伐加快了二・四六秒。這個實驗結果顯示話語支配思想、控制行動。如果人們像想像或用話語表達了什麼，大腦就會製造出實際做那件事時使用的神經迴路。

因此，在與孩子對話時，必須區分應使用和不應該使用的詞語，運用對行動能產生積極影響的方式說話。這也就是為什麼不要用指示的語氣，而應該用可以想像預測結果的積極語氣說話的理由。

只要嘴角上揚，就會出現笑容。即使不開心，若勉強做出笑容，大腦也會認為發生了愉快的事。不僅如此，就算不是美男美女，大腦仍會將有笑容的臉識別為有魅力的臉。因為比起面無表情、一臉陰沉的人，面帶笑容說話的人更能帶來好感是理所當然的事。

注：每年十月九日為韓文日，是朝鮮民族紀念創立訓民正音的紀念日。

因此，如果改變說話的語氣，孩子的大腦也會做出積極反應，連帶引導出身體的潛能，發揮最大能力。

對了，那我該怎麼跟七歲的兒子說呢？

「如果還是沒有那怎麼辦？」

這種時候要先理解「夏民真的很想要那個鉛筆盒」的心情，跟他說：「你和媽媽再一起去找找看。」或是「哪裡還可以找到同樣設計的東西？」引導出孩子的積極反應。

今天的語氣，可以改變孩子的明天

非洲諺語說：「要想撫養一個孩子，需要整個村莊的力量。」

我與認同這句話的同事們組成「家長互助會」，成員大多是職業婦女，利用短暫的午休時間聚會，共同腦力激盪，在週末假日邀請孩子到職場來，這是親子一同參與的「成長計畫」。去年開始進行，今年也在八月的第一個星期六舉行聚會，比酷暑更熱情的熱血家族，戰勝了超過四十度的氣溫，號召了親子共三十多人參與。在參加志願活動的孩子們當中，描繪他們五年後、十年後的樣子。從孩子們的表情、眼神、行動、語氣中可以看到父母們的樣子，發現孩子們承襲了同事們的優點，帶來獨特的樂趣和挑戰，令我再次領悟到，對孩子的期望不能只是口頭說說，而是要由父母親自展現出來。

當天參與聚會的家長都有個共同點，就是對現在的樣貌從未抱怨或感到灰心，即使在小地方也不忘表達感謝，使用對未來充滿希望的語氣說話。不光只是說，更是身體力行。父母們整整八個小時和孩子們一起流汗還不夠，聚會結束也留下來幫助收拾，說話時都是使用謙虛、關懷、積極的語氣。

「有什麼需要我幫忙的嗎？」

「準備這麼多一定很辛苦吧。」

「我們終於做到了。」

「有需要請隨時告訴我。」

這樣說話的父母身邊都有體貼和有耐心的孩子，有的幫助整理，有的就安靜看書，靜靜等父母忙完。在這樣充滿互相鼓勵、關懷的聚會中，孩子和父母得以一起成長。

每個父母都希望子女成功，成功的定義依據各自的價值觀有所不同，但無不期盼孩子過得比自己更好，進一步能成為懂得分享和關懷的人。懷著這樣的期待，努力傳達父母的意願，有時會像故障的收音機一樣重複同樣的話，因為覺得非常重要，所以不會輕易放棄，一再反覆。

但是，如果反覆說的話讓對方感到吃力，或者發現孩子與自己的距離越來越遠時，就應該檢視自己的語氣。我說話的語氣真的對孩子健康成長有幫助嗎？我說的都是必要的話嗎？到底是好話還是嘮叨，取決於父母所使用的語氣。

✦母親的積極語氣塑造了傑克・威爾許✦

有一個孩子小時候說話結巴，因此出現了社交恐懼症。他的母親並未因此對結巴的兒子發脾氣，也沒有說些否定的話，而是將兒子的缺點以優點表現出來。

「因為你的大腦轉得太快，所以舌頭跟不上。你比誰都聰明，如果你持續練習，一定會說得比你想像得更好。」

這個兒子長大後，以第一名的成績畢業於麻薩諸塞大學。一九六〇年進入跨國企業奇異公司（GE），在三十三歲時成為GE史上最年輕的部門負責人。一九八一年成為最年輕的執行長。他就是將市值只有一百二十億美元的GE發展成四千五百億美元規模的傑克・沃爾許（Jack Welch）。他的母親葛瑞絲的積極語氣，塑造他成為了世界級企業家。

由於他人的期待或關心，使得效率上升或締造優秀成果的現象，在心理學上稱為「皮格馬利翁效應」（Pygmalion Effect）。哈佛大學心理學教授羅伯特・羅森塔爾（Robert Rosenthal）和曾擔任小學校長的雷諾・雅各布森（Lenore Jacobson），在一九六四年於美國舊金山的一所小學進行實驗。首先為全校學生進行智力測驗，然後隨機選出學生，並將名單交給老師，表示這些都是智商很高的學生。當然這並不是真話，但是老師們沒有懷疑。數月後，再次進行了相同的智力測驗。結果發現這群學生的智商足足上升了二十四分，整體課業成績也提高了。老師的關心和期待傳達給了學生，而意識到老師的期待的學生，則在成績表現上發生了變化。

偉大的人背後必有相信他的人。如果父母寄予厚望，孩子就會努力不辜負期望。父母應該用無限的信任引導孩子走上正確的道路，拋開以忠告為名而使用的威脅及干預的語氣。父母不該只為了滿足自己的期待，更應該為孩子健康的成長著想，讓我們學習威爾許母親的語氣說話吧。

成功人士的共同點是使用積極的語氣。父母當然希望子女成功，那麼從今天起就用肯定的語氣，將孩子的缺點轉化為優點。孩子模仿的不是父母說的「話」，而是父母的「行動」（語氣）。

杜克研究所的研究顯示，人一天當中的行為，有54%是無意識的習慣。今天我的語氣展現了我過往說話的習慣，語氣不僅受到先天氣質影響，同時也會受成長環境的左右，包括父母、子女、朋友、老師、同事等關係親密的人也會互相影響。傾聽子女說話的語氣，是不是複製了我的語氣，是不是成為孩子習慣使用的語氣呢？聽起來會刺耳嗎？如果不想將不好的習慣傳給孩子，就不要浪費精力挑剔指責，不如先改變自己吧。

可以直接問孩子，記憶中感到最幸福的話是什麼？再想想曾造成傷害、感覺心痛的話又是什麼？

「媽媽在比較我和弟弟時，我心情會不好。」女兒這麼說。

不是不知道比較對孩子們的負面影響，但就是會習慣性說出來。如果傷口不曾癒合，而是凝結在孩子心中，那就是說了不該說的話造成的失誤，問題是父母常常不記得自己犯的錯。請為自己的失誤真誠道歉並承諾改善，雖然無法成為完美的父母，仍然可以當個努力不懈、不斷成長的父母。若能減少壞習慣，多養成好習慣，與子女的對話就會製造更多幸福，那麼孩子就會自然而然養成良好的說話習慣。

「我們鼓起勇氣一起挑戰吧。」

「媽媽相信你，我會支持你的夢想。」

「沒關係，你一直全力以赴到最後，你太棒了。」

「我會等你，如果需要幫忙就開口。」

Note

第五章

跟子女對話的五個方法

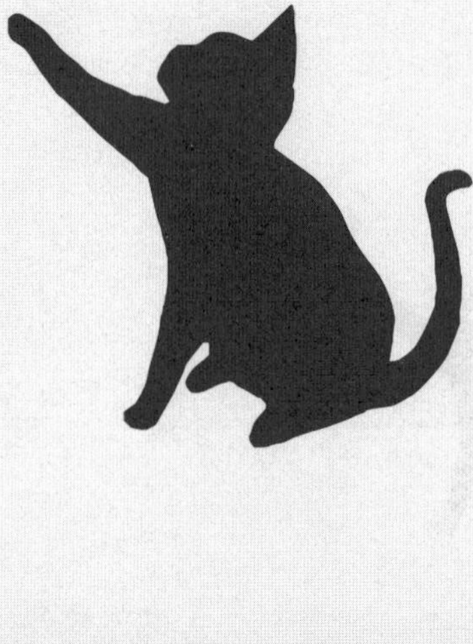

在這世界上，家人比任何人都珍貴，
我決心要對家人說肯定的話語，
需要具體的方法。
如何有效地與孩子、丈夫分享積極正向的話語呢？
第五章的內容是學習和實踐的實戰法。

用「怎麼做」代替「為什麼」

「妳到底為什麼不肯剪頭髮？很快就會長長了啊。」

「妳不覺得熱嗎？媽媽光看就覺得熱，頭髮不綁起來就剪掉！」

「都多大了，為什麼還要媽媽幫忙洗頭？這個週末一定要去美容院剪頭髮。不想去嗎？回答我！」

每次幫女兒梳頭或洗髮時，都會忍不住嘮叨一番。因為女兒不想剪頭髮，所以這一年多來每天都重複同樣的情況。煩躁的語氣只會讓彼此難受，卻什麼也解決不了。

「媽媽喜歡長髮還是短髮？」週日早晨，正準備去教堂時，女兒問我。

「媽媽喜歡夏恩的長髮。不過夏恩要不要考慮把漂亮健康的頭髮捐給需要的人？例如因化療而掉頭髮的小朋友。夏恩的頭髮很多，也沒有染燙過，是很健康的頭髮，捐給需要的人做假髮好不好？」

「為什麼一定要留長髮？」「那些頭髮有什麼了不起的？」拋棄這些否定的話語，相反地，迎合女兒喜歡留長髮的心情，與她產生共鳴。即使覺得媽媽在嘮叨，孩子堅持的意志也會慢慢動搖。再告訴她，頭髮可以有價值地使用，幫助需要的人，幫助她下定決心。在氣溫降至零下的週末，我緊緊握著女兒的手走進美容院。再踏出美容院時，我用圍巾包住瞬間變得空蕩蕩的脖子，稱讚女兒難能可貴的決心和行動力。如果強迫剪髮的話，女兒必然會流下埋怨的眼淚，但經過溝通後，雖然覺得可惜，但更多的是為自己的決定而感到驕傲，女兒的嘴角露出微笑。

「聽說夏恩把頭髮捐出去，所以特別送她髮帶。」

「看到夏恩頂著一頭短髮來，嚇了一跳。怎麼會想到捐贈頭髮呢……真是太有愛心了。」

看到補習班老師們意外傳來的訊息，讓我明白了把「為什麼」換成「怎麼做」的重要性。

✦太多的「為什麼」✦

我們偶爾會忘記，在家庭生活裡充斥著多少「為什麼」。為什麼不行？為什麼不做？你為什麼不寫作業？為什麼會錯？為什麼一個人就做不到？為什麼和弟弟吵架？

每當子女無法達到父母的期待時，就會誕生另一個「為什麼」，在夾雜著指責的語氣中，父母很難指望孩子順從。如果孩子尋找藉口或逃避責任，父母就會忍不住生氣，最終演變成孩子拒絕與父母溝通。

即使不是親子關係，我們在日常生活中，依然常有機會說「為什麼」。

「為什麼偏偏在我身上發生這種事？」

「為什麼我做的每一件事都如此不順？」

「為什麼非要我來不可？」

「為什麼不明白我的心？」

但這樣問「為什麼」的抱怨並不能解決問題。反覆思考後襲來的憂鬱和挫折感會讓人變得無力，因為將責任歸咎於無法控制的外部因素，就很難找到解決方案。

但如果換成「怎麼做」，情況就會不同。

「這個問題該怎麼解決？」
「怎樣才能得到幫助呢？」
「怎樣才能說服他們呢？」

一旦拋開「為什麼」，換作「怎麼做」，大腦就會開始尋找出路。因為「為什麼」的重點在不能做到的原因，而「怎麼做」卻具有探索解決之道的力量。

即使是同樣的情況，問出「為什麼」的人和說出「怎麼做」的人之間，也有著難以逾越的巨大差異。

人雖然是容易質疑「為什麼」，但同時也會在提到「怎麼做」時側耳傾聽。若要想幫助孩子成長，成為有自信的人，就該把「為什麼」這句話放進口袋裡；若不想重複同樣的錯誤，就用「怎麼做」來尋找解決方法。

把「為什麼」改成「怎麼做」並不限於親子對話，夫妻之間若也如法炮製，爭吵就會減少。「你為什麼這麼晚下班？」「你為什麼都不管小孩？」這些提問的意圖並非擔心或好奇，而是對對方感到不滿的指責。不照顧對方的語氣，會傷害彼此情感或產生誤會，不如這樣改變吧——

「你最近下班晚，孩子都光吃零食不吃晚飯，該怎麼做才好？」

「這次假期要怎麼計畫？」

雙方在不傷感情的情況下找到問題核心，共同摸索解決方法。如果說「為什麼」開頭的提問，是為了說自己想說的話，那麼以「怎麼做」起頭，就是準備聆聽對方的意見。記住，當我們問「怎麼做」時，得到有用的答案的機率比較高。

※

「拜託不要走。我什麼都不問，什麼都不埋怨。」

「我不是你爸爸。小時候拋棄你，從未養育過你，也沒來找過你，怎麼算爸爸？我不是你爸爸。」

「什麼都不會改變。要我稱呼你姜司機也行。但你是我唯一的親人，請像現在一樣留在我身邊。」

這是收視率超過40％的週末電視劇《我唯一的守護者》裡的臺詞。主角得知在婆家工作的司機竟是自己的親生父親後急於挽留。本以為已經去世的親生父親突然出現，他不問為什麼一直不公開身分，而是下定決心裝作不知道父親的傷痛，放下心中的「為什麼」，把焦點放在以後該「怎麼做」，於是父親不再想離開，而是留在女兒身邊，用自己的方法守護女兒。

如果替對方著想，欲以積極的方式解決問題，就換句話說，把「為什麼」改成「怎麼做」，在這過程中，彼此會敞開心扉，更加願意接納對方。

稱讚是營養的蛋白質

幼稚園每週一都會進行「週末的故事」活動，由老師協助孩子分享上週末與家人在一起做了些什麼事，培養表達和傾聽的能力，為此，家長還要拍照傳給老師。我之前有一次忘了拍照，情急之下便把正在處理的鯷魚交到兒子手上。

「看看這個鯷魚，很大吧？這樣把身體分開，煮的時候再放進去就好。」

兒子覺得很神奇目不轉睛地盯著，我迅速拍下他的表情。我的任務結束，兒子卻像發現新玩具一樣，找張椅子坐下來，耐心地幫忙挑撿鯷魚。看他的小手挑挑撿撿得很可愛，我忍不住地不停稱讚。

「哇，多虧了夏民幫忙，這麼多鯷魚一下子就挑好了。謝謝你。要是媽媽一個人挑，不知道要多久呢。」因為幫了媽媽的忙，受到稱讚的兒子也開心不已。

鯷魚一次處理好再冷凍保存起來，接下來幾個月都可以輕鬆熬煮高湯。之前冷凍的鯷魚沒了，於是今天買了很多回來處理，看著像小山一樣的鯷魚，不由自主嘆了口氣，這時兒子飛快地跑來說：「媽媽，我們幫忙一起挑就可以快點完成。姊姊快出來！」接下來一個小時的時間，孩子就坐在椅子上專注的挑鯷魚。因為媽媽的一句稱讚，孩子成長為會主動幫忙的貼心孩子。

女兒上小學一年級時，對童詩很有興趣，開始自己在紙上亂寫，常常跑來跟我說：「媽媽，這是我寫的，我唸給妳聽。」還說長大以後要當詩人。這完全是意料之外的事，但也是孩子第一次主動談論她的夢想，所以給她肯定。

「是嗎？恭喜妳有了夢想。從今天開始媽媽會好好保管夏恩寫的詩，以後出詩集。我們可以到圖書館借很多書，要多看書才能寫出好詩喔。」

幾天後，孩子寫下了這樣的文章：

我想成為詩人。詩人應該多看書，我看了很多書。只有這樣才能成為優秀的詩人，用詩自由地表達我的想法和經驗，創造屬於我的自由國度。我想成為詩人。

那天晚上，我緊緊摟著女兒說：

「太棒了，夢想會隨著年紀越來越大而改變。將來就算改變了也沒關係，如果夢想改變了，就告訴媽媽。不管是什麼夢想，媽媽都會為妳禱告，為妳加油。」

二年後的今天，女兒不僅持續看了很多書，還寫了六十多篇文章，逐漸成長為一個小作家。

父母的話語會提升孩子們的潛力，改變他們的行為。對子女說肯定、稱讚的話語，能夠引導子女朝更好的方向發展。要常常對孩子說：「你可以做得到！」「我們一起努力吧。」孩子的大腦會積極認識世界，產生自信和欲望，孩子在父母包含信任的話語中，也可能發揮原本未知的能力。

孩子到了高年級，父母對他們努力過程的稱讚會變少，對成績和成果的嘮叨越來越多，特別是對青春期的孩子，親子間的矛盾往往很容易達到臨界點，最壞的狀況是無法控制說出不該說的話，雖然腦子裡很清楚不能這樣說，但還是在無意中說出傷害人的話。

情緒控制失敗，隱藏在肚子裡的火氣冒了上來，說話就會變得粗暴，孩子的自尊心也會受到傷害。然而大多數的父母並不知道自己說出的話在孩子耳裡聽起來是什麼感覺。

從我們嘴裡說出的話力量很強大，既可救人，也可殺人。請回顧一下，今天對孩子說的話是祝福？還是咒罵？

✦負面的話語會使大腦萎縮✦

消極、粗暴的語氣會破壞孩子的大腦。許多腦科學家已經證實，「遭受過虐待的孩子，大腦平均會縮小30％。暴露於言語暴力中的孩子，腦中的海馬迴與扁桃體會明顯萎縮。」海馬迴與學習和記憶有關，並具有調節情感的功能。言語暴力會損傷海馬迴，促進壓力荷爾蒙皮質醇的分泌。父母的言語暴力會降低子女的學習能力，引發憂鬱、不安等情緒。所以請記住，如果父母帶著望子成龍的心情而不斷嘮叨，反而會成為子女大腦的毒藥。

根據韓國教育部《二〇一八年第一季學校暴力現狀調查》結果顯示，遭受學校暴力的學生中，70％是小學生，而其中又以語言暴力最多，占34.7％，與其他類型的暴力相比，是近年來增加最多的。但是那些加害者到底是從哪裡學來這些暴力的言語呢？若是曾因父母的言語暴力而受傷的孩子，日後很有可能也會成為言語暴力的加害者。

「要跟你說幾次才肯起床？昨天又玩電動現到很晚對吧？你這樣能考得上大學嗎？」

「考這什麼分數？補習費都浪費了。」

「桌子這麼亂，書會唸得好嗎？」

「你是傻瓜嗎？聽不懂人話嗎？」

無視、指責、逼迫的語氣，就像英國哲學家約翰．奧斯汀（John Langshaw Austin）所言，和揮拳打人沒有兩樣。

根據二〇一五年國立國語院的《國語政策統計年鑑》顯示，孩子在家中最想聽到的話，第一是對努力的稱讚（52%），第二是對行為的稱讚（26.5%），接著是對成績的稱讚（10%）。最不喜歡聽的話則是「和別人比較」，占46%。

英國心理學家J．哈德菲爾德（James Arthur Hadfield）博士在《心理的力量》一書中寫道，當說出「你錯了，現在已經結束了」時，人只發揮30%的能力；若說

「你可以做到」「你是特別的人」時，人會得到自信，發揮500%的能力。

如果希望孩子長成幸福、充滿自信的孩子，就應該當個說孩子想聽的話的父母。為了喚醒孩子的潛力，哪怕是微小的變化也要大聲稱讚。

「沒關係，你已經盡力了。」

「下次會做得更好。」

「媽媽為你感到驕傲。」

「你真厲害。」

浦項鋼鐵（POSCO）公司的內部刊物中，記載了一位優秀的「提案王」員工的故事，光是二〇一三年，他就提出了31個企畫案，其中六件榮獲優秀企畫案的榮譽。一般員工一年平均提案數為6.2件，這名員工的產能驚人。據說，讓原本也是平凡員工成為提案王的動力，是前主任一句充滿期待和信任的鼓勵話語：「你知道為什麼會那樣嗎？如果是你，我相信你一定能解決。」〔POSCO NEWSROOM，二〇一四年三月四日〕

像法國媽媽一樣，不帶情緒地教育孩子

我很喜歡的一個電視節目叫《人間劇場》，它講述一般平凡人的真實人生，來自不同環境和生活方式的各種家庭故事，總是給人平實的感動，喚起對生活的渴望。有一集介紹有眾多子女的家庭，其父母有著與眾不同的教育哲學，兄弟姊妹之間以深厚的感情和生活規範緊緊相繫。家中的子女眾多，就如同枝繁葉茂的大樹一樣，即使只是一點微風，葉子也會隨風搖擺，父母對子女的擔憂與牽掛也永無止境。雖然發生過很多意料之外的事，但有件事是在那個家庭中看不到的，就是父母像故障的收音機一樣不停嘮叨的模樣。那種早晚忙碌、一點閒暇也沒有、就算是被鄰居指指點點也控制不住大聲咆哮、事後卻後悔不已的父母，在《人間劇場》中絕對找不到。

二〇一四年十一月播出的ＥＢＳ紀錄片《家庭衝擊》中，有一個段落是比較法國與韓國父母育兒方式的差異。法國父母的養育方式與我們日常接觸到的情況不同，接受採訪的法國媽媽們都說：「感受不到育兒壓力。」她們尊重孩子，所以願意等待。為了讓孩子自己感受成就感，提供各種機會讓孩子們體驗。只要是孩子自己能做的事，就絕對不會插手幫忙，只有在違反規範時才會介入。在這種時候，法國媽媽會拋開情緒，就事論事，堅定而嚴格地訓斥和教育。

嘉泉大學「三歲村研究所」（注）進行一項關於身為主要育兒者（媽媽）自豪程度的研究。結果顯示，法國媽媽對自己的教育方式有自信，且能保持一貫性，自豪感較高，而韓國的媽媽則普遍對自己的育兒方式感到不安、沒有信心。簡單來說，法國媽媽認為「我相信我可以把孩子養育得很好，對孩子未來的不安感較少」。

法國媽媽尊重孩子為獨立個體，最大限度地給予自由，但必要時仍要求孩子恪遵約定的規範。讓我們來學習法國媽媽說話的語氣吧。

注：社會貢獻活動的一環，以零～三歲嬰幼兒的育兒研究和建立幸福家庭文化為宗旨。

向法國媽媽學習五種育兒習慣

❶控制怒火

用生氣的聲音責備孩子，一開始似乎很有效果，但其實對改善孩子的行為沒有任何效果，而且一不小心就很容易失言，還會讓孩子誤會，不高興的時候可以大聲喊叫。當想要發脾氣時，不妨先喝口水，或在心中默數，緩和情緒。

能養育出優秀孩子的父母，特別是媽媽，都是用正面堅定的話語與孩子對話。當她們感到火氣上升時會先去喝杯水，緩和片刻，甚至可以在水壺旁準備一個「滅火杯」，想發火時就去拿起那個杯子喝水。想大聲咆哮時就站起來去喝杯水，至少在喝水時無法發脾氣，等氣消了再開始對話。

❷用堅定的聲音說話

堅定的聲音並不是指大聲說話，而是不要帶著情緒，要明確清楚地說明。為了讓孩子容易理解，應該用堅定語氣具體而簡短的說話。

「昨天就叫你收拾桌子，到底要我講幾次？」（X）

「桌子還沒有整理好啊，給你二十分鐘，現在馬上收拾。」（〇）

（生氣的聲音）「你看多久了？你到底打算什麼時候睡覺？」（X）

（用低沉而堅定的聲音）「睡覺時間到了，現在就把電視關掉進房間去。」（〇）

❸與孩子一起制定規範

有了規範，解決問題會容易許多，不必爭執「可不可以」，只要確認是約定過的規範即可。在約定規範時，可以準備二、三個選項讓孩子選擇，既然是自己選的，就會比較有意願遵守約定。

「不行！給你電腦是要上網路課程，哪有人整天看電玩影片的？」（X）

「從下個月開始，每週可以挑一天上網看喜歡的影片，你自己選一天吧。」（〇）

❹規範制定好就要堅持執行

堅持和制定規範一樣重要和困難，因此父母必須格外用心。如果沒有合理的理由，父母只為了在工作或想休息時不受妨礙而通融，那麼規範將形同虛設，很難持續，絕不要用「好啦，就這一次！」跟孩子妥協。

「媽媽是壞人！」「我討厭媽媽！」如果不滿足自己的要求，這些話就會從孩子嘴裡說出來，隨著孩子難過的表情傳來的話，聽在媽媽耳裡也會有不同感受。有些媽媽會狠下心，「這回一定要改掉他的壞習慣」。有些媽媽則會因為太累、因為太忙，或禁不住孩子的糾纏，「好吧，就通融這一次，下不為例！」媽媽認為就這一次退讓，日後卻很容易成為常態。

要記住，孩子喜歡一貫性的媽媽。當孩子反抗時不要猶豫、不要心軟，要堅定並維持一貫性，用簡單易懂的詞語讓孩子理解。不要對大聲咆哮，要看著孩子的眼睛，清清楚楚告訴他已經約定好了，什麼可以、什麼不可以，保持沉著冷靜。

❺用「說明（指引）──反覆──警告──結果（罰則）」四階段對話法說話

吉賽爾．喬治（Gisele George）與查爾斯．布魯莫（Charles Brumauld）合著的《像法國媽媽一樣聰明訓斥》）中，介紹了可以幫助實踐規範的四階段對話法。

說明（指引）：使用簡單、符合孩子年齡能意會的用詞，以明確堅定的聲音說明。如果孩子馬上照著行動，媽媽也要立刻給予稱讚。

反覆：例如孩子不按照約定，遊戲時間結束仍繼續玩遊戲，媽媽就反覆提醒。和說明階段一樣，如果孩子馬上停止遊戲，就要立刻給予肯定的稱讚。

警告：預先告知，如果下次不遵守約定好的規範，會有什麼結果。

結果（罰則）：若是前面三階沒有效果，還是必須施以罰則。這個階段最重要的就是果斷執行。

舉例

說明：夏民，二十分鐘後就把平板收起來。

反覆：夏民，我剛剛已經提醒過你該把平板收起來了。

警告：夏民，你不收的話媽媽就幫你收，那接下來兩個禮拜你都不准用平板喔。

從今天開始，拋開會讓孩子關起耳朵和心靈的嘮叨，學習法國媽媽的說話習慣。不受情緒影響，看著孩子的眼睛，用堅定的表情和明確的語調冷靜說明，對孩子「我不要！」的反抗從容應對，保持一貫性與耐心。

讓小孩學會自動自發的家庭會議

「媽媽，我可不可以不要去幼稚園？」

開車上班順道載孩子上學，坐在後座的七歲兒子突然這麼說，令我嚇了一跳，從後視鏡裡看到兒子垂頭喪氣的模樣。

「怎麼了？在幼稚園發生什麼事嗎？」

「沒有啦。」兒子悶悶不樂地說。

「你不想上學，那媽媽上班時你要一個人在家嗎？你明年就要上小學了，可以這樣不想上學就不上學嗎？你總要說個理由啊，你不說媽媽要怎麼幫你呢？」

像連珠炮般的話語差點就這樣脫口而出，但我看看手錶，強壓下情緒，冷靜地對孩子說：「夏民，現在不想告訴媽媽理由嗎？」

兒子點點頭，眼角濕潤了。

「那麼，今天晚上召開家庭會議吧，你可以告訴大家你的想法，我們再一起想辦法。」

兒子不再垂頭喪氣，換上安心的表情點點頭。

當晚下班回家，一家人吃過晚餐，便聚集在客廳裡召開會議，由女兒擔任主持人，平日連對家人也很少表達自己情緒和想法的內向兒子，在會議中依照規則進行說明。

事情的開端來自幼稚園老師們輪流休假，導致原本不同班級的孩子必須合併、一起活動，兒子個性比較內向，所以可以理解每次環境變化會讓他在適應上受到壓力。為了幫助兒子，家人紛紛提出解決方案，大家一起交換意見，進行討論、投票，最後由兒子自己決定該怎麼做，然後全家人一起手拉著手禱告，結束十多分鐘的會議。我感恩上帝給我們這個機會感受到家人的愛，安慰了夏民困惑的心，也請求上帝賜予他勇氣，讓他能夠開朗、有朝氣。

會後兒子露出滿意的表情，向大家宣布以後會開心去上學。雖然會議時間很短，但他親身體驗到最愛自己的家人們傾聽、共鳴並真心幫助。我也很感謝兒子在忙碌的上班途中說出「媽媽，我可不可以不要去幼稚園？」，也因為他當場無法說出理由，讓我們一家人有機會可以召開家庭會議。

近來患有「通話恐懼症」（call phobia）的人正在增加中，這是一種對通話感到害怕而迴避的現象。根據二〇一五～一七年推特、部落格等大數據分析，讓人最容易出現負面反應的通話對象是職場上司，接著是父母。從結果中可以發現，會讓人出現「生氣」「害怕」「痛苦」等負面情緒，其中最大原因來自「父母的嘮叨」。（CBS廣播電臺，《早安新聞》，朴在興。二〇一八年五月）

來自父母的電話竟是通話恐懼症的罪魁禍首。當孩子對父母說的話感到恐懼、想逃避時，恐怕為時已晚。因為希望每週能有一天，家人們坐在一起，放下手機，召開家庭會議。在會議中，父母的嘮叨會減少，孩子們也能培養有邏輯、有條理地表達意見的習慣，而非反抗、頂撞。孩子還小、青春期難溝通，這些都不是藉口，就算一開始有困難也不要放棄。家庭會議可以將嘮叨和反抗的不和諧聲音最小化，用家人們的笑聲填滿屋子。

而我們家會召開家庭會議，始於夏恩八歲時的提問。

「媽媽為什麼可以自己隨便定規則？應該也要問問我們的想法。」

從那以後，我們一家人開始學習分享，從新年計畫、家庭活動、看電視時間等都一一列入會議議程中，孩子們認真參與，充分感受身為家庭成員的存在感。

孩子已經知道了答案，父母就不必嘮叨。孩子知道該怎麼做，父母卻硬要下指導棋，便會激起孩子的反抗心。孩子對父母說的話容易違反，但自己所做的承諾卻會努力遵守。

藉家庭會議提高共鳴度的五個祕訣

❶使用敬語及標準用語

敬語代表尊重。會議開始後，所有發言都要使用敬語以表達對彼此的尊重。受到尊重的孩子可以自信發言，同時也能從中學習正確的用語。

❷營造鼓勵的氛圍

無論提出什麼樣的議題，都要給予肯定，這樣會議進行才會愉快。「真是好主意」「你能想出這麼棒的方法真是了不起」「你說明得很清楚，很容易理解」在愉快友好的會議氛圍中，可以發揮腦力激盪的真正價值。就算絞盡腦汁也要稱讚再稱讚。

❸分配角色

開會前定下主持人、會議記錄等工作分配。主持人要先告知家庭成員此次會議議案和時間，並準備相關用品、投票用紙等，決定好會議流程。角色可以輪流擔任，讓所有與會者都建立責任感和參與感。

❹教導傾聽的姿態

孩子的行為主要經由觀察父母的態度來學習。以端正的姿勢坐好，適度地挪動身體朝發言者的方向傾聽，以點頭、手勢等身體語言來交流，孩子在耳濡目染之下，也會自然而然學習。真心傾聽並表達共鳴，孩子也會從中獲得安全感。

❺讓家庭會議成為有價值的時間

要固定每週召開會議並不容易，不能只憑父母的意思就強行決定是否召開會議。如果真的遇到不可避免的情況，要向家人說明並請求諒解：「媽媽今天會很晚下班，回到家也很累了，所以如果沒有特別的事，下週再開會好嗎？」孩子聽了會說：「好啊。」「會很累嗎？要不要我幫妳按摩肩膀？」孩子學到的不是「隨心所欲」單方面通報，而是詢問意見、體諒關懷，透過討論共同決定的方式。如果沒有討論就自行決定，那麼孩子會認為家庭會議根本沒什麼價值，家庭會議很容易到最後不了了之，所以與家人一同用努力和真誠建立家庭會議吧。

以下分享透過家庭會議制定目標、規則，成為閱讀家庭的經驗。

例一

「今天媽媽聽說有個公益閱讀捐款的活動。就是看了多少書就存多少錢，然後分享給需要的人。我們也來共襄盛舉，一起來制定計畫吧。」在媽媽的提議之下，大家一起制定包括執行期限、方法等規則，不需耳提面命多看書，參加「公益閱讀」

讀書會就持續了六個月以上。我們用這段期間累積的金錢，捐贈給社團法人國民閱讀文化振興會推廣的「小圖書館」活動。八月，兩個孩子還成為江原道某部隊生活館的名譽圖書館長，直到今天仍維持閱讀的習慣。

例二

兒子每天起床第一個動作就是打開電視，下課回到家也是先找遙控器，為此我和兒子常常起爭執。正巧這段時間搬了新家，搬到新家的第一天召開家庭會議，討論議題就是「看電視的時間」。原本每天看超過兩個小時電視仍意猶未盡的孩子，在換了新環境後，提出「週五、週六各看一個小時」的突破性提案，現在已執行兩個多月，並持續遵守。

用1—1—3—1對話法，讓話語更有說服力

「我來回答媽媽的問題：『喜歡玫瑰花嗎？』」（重覆問題）
「是的，我喜歡玫瑰花。」（提出主張）
「因為第一點，很漂亮；第二，很香；第三，有自我保護的刺。」（提出三點理由）
「所以我喜歡玫瑰花。」（再次確認主張）

我將國民閱書文化振興會金乙浩會長的閱讀講座「有邏輯的說話」內容分享給孩子。事實上，他所說的方法就是一般多益英文補習班，針對口說考試教授的六十秒答辯資料的框架，但想不到這個方法除了考試，還可適用在日常生活中。方法如下：

【有邏輯的說話法】

1. **重覆聽到的問題。**

1. 說出自己的想法

3. 羅列三個理由。

1. 再次確認自己的主張作為結論。

這個說話方式稱為「1—1—3—1對話法」，簡單易懂，可以用在日常對話中，培養出有邏輯思考能力的孩子。

我將這個方法告訴夏恩，多虧了玫瑰花的例子，她馬上就能理解，而且我們還像遊戲一樣練習了很多次。一直到現在，我和孩子每天都會以1—1—3—1對話法交談。

金乙浩會長在二〇一七年六月的《陸軍誌》專欄中也再次提到：

為了避免對話帶來的誤會和失誤，掌握對方的想法和要求，尋找更好的解決方案，首先要做的就是傾聽。特別是若想要有邏輯的表達意見、說服對方，傾聽也是必要的先行條件。在傾聽的技巧中，最有效的方法是重複對方的提問。在重複的時候，對方可以感覺到你的專注，同時也會對你產生好感。在接收到對方提問的那一刻重複問題就是傾聽，這也是有邏輯的說話的第一步。

根據提問能適當地表達自己的主張，可以視為傾聽的成果。特別是在討論中，透過傾聽後表達的主張會成為理解對方情感和邏輯說服的開端。因此，在列舉理由與根據之前，應該先表達自己的主張，這同時也是提供給對方傾聽的機會。最後結論則是再次確認主張，以保持一貫性，所以主張和結論應該是一致的，前後呼應。

「3」這個數字意味完成。說話要有邏輯的重點，就是提出三點主要的「理由和根據」，同時主張和結論必須具備合理性。

從今天起，試著與孩子用1—1—3—1對話法聊天，那麼在任何情況下都能和孩子愉快交談。

1—1—3—1對話法的三個優點

❶培養傾聽的能力

為了重覆提問者的問題，就必須認實傾聽，自然會看著對方的眼睛，提高專注力。相對地，當我們提出自己的想法和理由時，對方也會仔細聽我們說的話，因為若要提出反駁就必須先了解內容。這樣可以改正以往彼此只說自己想說的話、只聽自己想聽的內容的錯誤習慣。

❷可以心平氣和地說話

夏恩問：「現在可以去奶奶家嗎？」（1）

我回答：（1）「我覺得夏恩現在應該去鋼琴教室。（3）因為第一點，如果先去奶奶家再去學鋼琴，那回家的時候就會太晚，容易發生危險。第二點，下禮拜有鋼琴發表會，所以今天最好去練習。第三點，媽媽知道妳想去奶奶家是因為可以玩電動，對吧？（1）所以妳現在還是乖乖去鋼琴教室吧。」

如果是以前，應該會這麼說吧：

「妳是不是又想去奶奶家玩電動了？妳以為媽媽不知道嗎？不要吵了，現在就立刻去鋼琴教室！」

❸培養觀察力和創造力

以下是四歲的夏民偷偷學媽媽和姊姊對話方式寫下的文章：

我覺得我姊姊是「小狗」。
因為
第一，她喜歡下雪。
第二，她會幫助其他。
第三，她跑得很快。
所以我覺得姊姊是「小狗」。

我覺得我媽媽是「大象」。
因為
第一，她會幫我洗舒服的澡。
第二，她吃得很多。
第三，她喜歡用動作傳達心意。
所以我覺得媽媽是「大象」。

如果不知道1—1—3—1對話法，那我可能連問都不問，就直接斥責他：「金夏民！哪有人把姊姊比喻成小狗的？姊姊聽了會很難過啊。」那麼他也會因為媽媽不了解，也不給他解釋的機會而傷心。

夏民喜歡把家人比喻成動物，也因此原本只是放在書架上有關大自然與動物的書被打開了，那副景象看起來也蠻有趣的。

❹可以練習表達自己的想法和主張

提問時，性格內向的夏民習慣性會回答「好像是那樣」「不太清楚」。我希望孩子能夠有自信，所以對孩子說話的語氣很在意。1—1—3—1對話法的模式是先發表意見，所以可以很自然地訓練孩子表達自己的想法。

透過傾聽、有耐心的對話培養關懷家人的習慣吧。即使剛開始多少有些尷尬，也不要放棄，像玩遊戲一樣毫無壓力的開始，並且堅持實踐。看著孩子慢慢成為說話有邏輯的人，那種樂趣將會是難以言喻的滿足。

第六章

不必伶牙俐齒，也能贏得好感

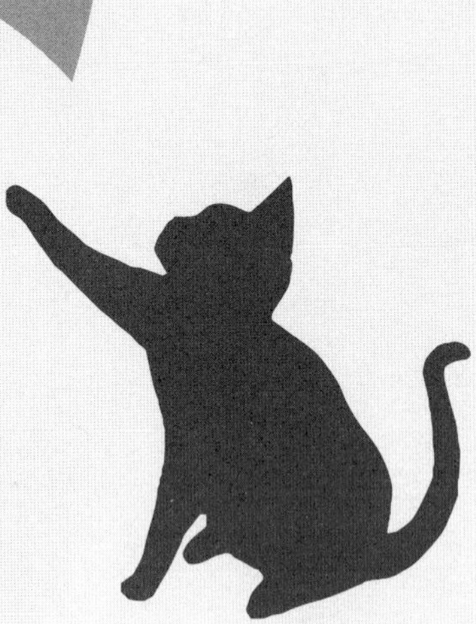

每天長時間一起共度的同事或朋友，
該如何進行對話呢？
為了贏得好感，
通常會主動積極地說話。
但真正的高手是即便口才不好，
也會讓人產生好感以及帶來正面的影響，
讓我們學習他們的方法吧。

刺激他人說話的本能

有些人口才好，一開口就能滔滔不絕說出有趣的故事，自然而然主導對話的走向，吸引人們的注意力。他們以淵博的知識和豐富的經驗包裝自己，在年齡、職業、性格、興趣不同的人面前毫無保留地發散魅力，往往能輕易贏得好感。

有些人並非天生外向、能言善道，但也能透過後天的努力擁有流暢的口才，只是需要花費很多心力和時間。如果你無法那樣，也不必灰心喪志，即使不是舌燦蓮花，也有辦法獲得好感。

「時間已經這麼晚了，真捨不得說再見。」

「今天真的很有意思，我們下次一定要再約。」

世上一定會有這樣真心的人，見了面捨不得分開，分開後仍留下愉快回憶，這種人是什麼樣的人呢？這種人可能具備了出色的口才和機智，但是比起這些，表達出關心並懂得傾聽的人，一定會讓人更印象深刻。

在聚會中主導對話的人，十之八九會覺得那是一段愉快而美好的時光，因為比起聽別人說話，他們更享受講述自己的故事，這是人的本能。利用這一點，只要傾聽對方、適時提問，就能讓人留下良好的印象。傾聽對方的話，可以獲得很多信息，只要提問，就可以持續進行對話。

二〇一一年四月，MBC電視臺創臺五十週年，特別製作了公開招募播報員的選秀節目，生動地展現了傾聽的重要性。

超過五千五百名的參加者經過第一輪預賽——試鏡，以及第二輪筆試和面試的篩選，選出六十四人進入第三輪。第三輪的任務是「用物品表現自己」。以兩人一組，一對一對決。其中有一組，兩位參賽者都拿出濃縮咖啡來表現自己；參賽者A將自己比喻為濃縮咖啡的原豆一樣，但在發表的過程中多次出現發音失誤；另一方面，在濃縮咖啡杯裡盛裝甜米露的參賽者B則展現了反轉魅力。他在第一輪、第二輪的成績也很優秀，所以在發表時充滿自信及穩健。

但沒想到最後結果截然相反。只集中於自己發表內容的B，並沒有聽清楚評審的提問和A的發表內容，當評審提出問題時明顯露出驚慌神情，語無倫次，最後他就以六比一的票數落選了。

類似B的失誤，很有可能會發生在我們身上。在對方說話時分心，只想著待會自己要說的話。對方話音剛落，就忙著自顧自地說出準備好的話，因為專注於自己的想法、自己想說的話而錯過傾聽對方的話。

「沒有聽到最重要的部分。如果不聽完整，就無法回話。」

這是評審李在鎔主播的評語。為了獲得一生一世的大好機會而想好好說話之前，一定要先想想這句話。

讓對方感覺對話愉快也是有訣竅的，但意外的是其實並不需要說太多，讓對方說得比我多兩倍就好，聽占七分，說占三分也可以。

沒有口才也能獲得好感的三種方法

❶ 傾聽

善於傾聽別人故事的人很受歡迎，與懂得傾聽的人交談必須會很愉快。如果不時打斷對方，或對方話音剛落就急著想說自己的事，這樣很容易讓對方產生不舒服的感覺。

若想說服對方，就要先放棄多說一句的想法。看著對方的眼睛，用心傾聽的姿態會更有說服力。說話的人會對聽者感到溫暖與感謝，而這正是打開心扉的關鍵。

❷從對方的故事中提問

以傾聽對方的故事獲得的訊息為基礎提問，在對方回答中抓住關鍵字，再擴大提問，故事自然會延續下去。但需要注意的是，提問不是為了炫耀自己的知識。有時即便是已經知道的事，也最好裝作不知道。重點是以對方有自信、感興趣的主題進行提問，例如一些好的近況（找到工作、升職、考試合格、取得證照、旅遊、減肥成功等）。在不侵犯私生活的範圍內，也可以問問家人或興趣愛好等問題，若提出能愉快地回答的問題，對方也會對你產生好感。

❸給予反應

聽者的態度會影響說話的人，因此根據我們做出的反應，可以促使對方說得更多，或者中斷對話。

自己的反應是對對方的關懷和謙遜的表現。溫暖的眼神、點頭認可，或是聽到有興趣的內容時上半身稍微傾向對方，都可以讓說話者樂於分享更多。

如果是個性比較內向，不善於表達的人，建議可以上網收看溝通專家吳鐘哲的演說影片「反應是最強烈的行動」（Sebasi Talk 第一百二十一集）。他主持時總是很自然帶動聽眾的反應。透過傾聽和共鳴，可以產生相互成長的強烈反應。只要有心、肯努力，就能成為懂得適時、適度反應的人。例如對聽到的內容同感訝異，「天啊！真的嗎？怎麼會這樣？」，或豎起大拇指開懷暢笑，都能讓對方愉悅地繼續對話。

一邊聽對方說話，一邊筆記也是很好的反應。

「能再說一遍書名嗎？我這個週末要去找這本書。」

「我可以記下來嗎？這次假期想帶孩子一起去看看。」

「我可以把剛才你說的話記下來嗎？我想放在身邊當座右銘。」

邊筆記邊聽的習慣對傾聽也有幫助。透過筆記進行整理和總結，容易記住重要內容，也可以讓別人對你留下「善於傾聽」的正面印象。

「人有兩個耳朵和一個嘴巴，這代表比起說出的話，聽進來的話要加倍。」

這是《塔木德》中的一段話。現在便是實踐的時候了，讓我們的言語以七比三的黃金比例，贏得對方的好感吧。

人們很重視自己的名字

「方少校，真高興與妳聯繫上了，不知道妳還記得我嗎……（略）。這個計畫目標明確而且很有價值。」

看到我上傳的文章後，某位將軍與我聯繫，讓我想起了幾年前曾和學生一起聽過他演講的記憶。那場演講傳達了珍惜每一個人的心，讓我留下深刻的印象，也讓我得到很多啟發和挑戰意念。只是當時人那麼多，他卻還記得我的名字，讓我非常驚訝，比起稱讚，這一點更讓我感動。

人對於記住自己的名字、並且熱情叫出自己名字的人會產生好感。對方能叫出我的名字，代表我對他是有意義的人；這也是孩子在出生前，家人就會費心取個好名字的原因。

名字是介紹和表達「我」這個人時最簡單、最短的話，並非像稱呼一樣，只是單純與他人區分之用，而是能夠代表在這世界上獨一無二的「我」，這就是名字的意義。名字是我們從父母那裡收到的禮物，包含了我的過去、現在、未來，以及性格、價值觀和人生。

根據韓國大法院統計，從二〇一二年到二〇一七年，在韓國超過八十五萬人申請改名。他們可能是渴望克服過去的痛苦和失敗，重新展開人生。在選擇新名字時，人們表現出一個共同點，就是希望選個能讓人有好印象的名字。

每個人都希望被認可，成為有意義的人，並希望在這樣的基礎下被唱名，同時對於能這樣喊出我的名字的人特別懷有好感。

二〇一七年六月，韓國消費者研究院以一千位咖啡專賣店消費者為對象，針對市場占有率排名前七位的咖啡專賣店進行服務滿意度調查。調查結果滿意度最高的是星巴克咖啡。（韓國消費者研究院報導資料，二〇一七年八月二十一日）

我也有同感。身為星巴克咖啡的顧客，對滿意度造成最大影響的原因，應該來自於「Call My Name」服務。

「Call My Name」服務始於二〇一四年，即稱呼顧客名字的感性行銷。顧客可以在網站上登錄自己的名字或暱稱，再預訂飲料，當飲料準備好後，員工便以顧客的名字或暱稱呼叫。員工親切喊出顧客想聽到的名字，而顧客則感到受尊重。在年輕人的 Instagram 上，很容易看到寫著不同名字或暱稱的咖啡外帶杯照片。

最近在教育界，為了防止學校暴力展開許多努力，其中包括由校長將手作的名牌親手交給學生的「上學唱名」等活動受到關注。「唱名活動」是培養教師和學生、學生和學生之間互相尊重和照顧、關心的方法。

想獲得對方的好感嗎？不論男女老少，請記住世界上最珍貴的詞語就是名字。**在對話過程中，只要親切和珍惜地呼喊對方的名字，關係的壁壘就會慢慢被打破**。

透過名字獲得好感的三種方法

❶在對話中稱呼名字

確認名片上的職位和姓名，正確稱呼。如果有不懂的漢字可以請教對方，這也代表你很重視對方。可以詢問對方名字如何發音，是否有什麼意義，了解之後也可以幫助自己記住。談話時把名片放在桌上，也可以避免口誤。在對話過程中自然地反覆說出對方的職稱和名字也有助記憶。越是初次見面，就越該在對話中間稱呼名字，這樣可以加速拉近距離，更專注在對話上。

初次見面獲得的訊息可以在事後立即寫在名片空白處或筆記本上，記錄時間、場所、主要對話內容、共同與會者的資訊，自己也可以重新回顧一遍。除了業務相關內容之外，如果有談到興趣、關心事項、家庭關係等，也一起記下來，多了解一點就多一份競爭力。

❷將對方的子女姓名一起記下

在儲存電話號碼時，除了職稱、名字之外，還可以輸入對方關心的事或家庭資料。例如「金智淑代理」（藝恩媽媽），加入孩子的名字，在通話或見面時就可以順便提及，更能拉近距離。

「藝恩今年要上小學了吧？」

「智厚正認真準備比賽吧？」

身為父母，別人對自己的孩子如此關心，自然會對那個人感覺親切，若再加上能記住孩子的名字，更是錦上添花。

如果是認識很久的關係，若一再詢問孩子的名字會有些不好意思和尷尬，這種時就應該靜靜地聽，從傾聽中獲得關於子女的訊息，或者也可以從 Facebook、Instagram 等社群網站上傳的日常記錄中，取得子女的相關訊息。

❸賦予名字特別的意義

「延景注旱。引導陽光，在乾旱的地方灌水。」

這是以我的漢字名「延注」所做的「四字說明」，是幾個月前國民閱讀文化振興會金乙浩會長送我的禮物。我為了符合新的名字的意義，努力實踐分享，就這樣過了一年。透過名字的意義，我的生活態度也發生了變化，變得更加有價值、更豐富。

對我重要的人，我喜歡用他們的名字作三行詩（藏頭詩）送給他們，以共同的美好回憶為基礎，重新詮釋這世界上獨一無二的名字。關於三行詩寫作的訣竅將在下一章中介紹。

如果覺得自己口才不好而有壓力的話，就先養成叫對方名字的習慣吧。從「辛苦了」「做得很好」跨出一步，「真不愧是延注！」加上名字的稱讚，比任何佳言美句都打動人。

用對方的名字寫三行詩（藏頭詩）

方才開始的
話劇的
主角（注1）

在大眾面前用三行詩（注2）自我介紹，不知不覺已經超過二十年了。雖然有很多自我介紹的方法，但一直堅持用三行詩，就是因為效果很好，雖然時間很短，卻可以給人留下深刻的印象，很多人就算久未見面卻還是記得我的名字。

工作性質的關係經常調動，因此與許多人共事後又分離，雖然二十年來反覆如此，但每回要與好不容易建立情誼的同事分離還是很難過。從幾年前開始，我用同事的名字做三行詩送給他們，以表達不捨及感謝。一邊回想相處數月或數年間一起經歷的過去，還有他們的優點、長處，精心創作屬於他們的三行詩。

每當被告知我準備了三行詩禮物時，當事人都會露出不好意思的笑容。一旦開始朗誦，就會豎耳傾聽，最後則是笑得合不攏嘴地鼓掌。現在開始有同事會主動請我幫他做三行詩呢。

沒有特別才能的我是如何成為做三行詩達人呢？我也不是飽讀詩書，但我會思考對方最喜歡、最想聽到的主題，重點是要得到他們的認可。

不過我後來才知道，喜歡用名字做三行詩的並不只有我。

全羅北道某高中校長為即將畢業參加高考的高三全體學生寫了鼓勵信，信中以學生的名字作三行詩。（《韓民族日報》，朴任根，二〇一七年八月二十三日）

一位學生在接受採訪時表示：「每當感到疲憊和煩躁時，看到校長的鼓勵信，

注1：作者韓文名「방연주」，其中「房」與「方」發音相似，「延」（연）與話劇的「話」；「注」（주）與主角的「主」韓文字音相同。

注2：三行詩（삼행시）是韓國文化利用同音諧意字的語言遊戲，在臺灣比較熟悉的說法大多為「藏頭詩」。最常用名字做三行詩，字數沒有限制，前後句也不一定要有關聯。譯文為忠於原文的寫法，翻成中文後可能就無法感受到同音諧意字的趣味，望祈見諒。

就會獲得力量並感動不已。」

忠清道的某中小學也發生過類似的事。該校學生家長在教師節前一天晚上，偷偷在學校裡貼了海報，海報上正是以老師們的名字創作的三行詩。想想老師們到學校看到了會有多感動啊！收到學生家長充滿感謝和敬意的三行詩，相信老師們也會更真誠地呼喊學生的名字吧。

身為家長的我也有過類似經歷。在教師節前夕，與女兒和兒子一起創作三行詩送給教會學校幼教部的老師們。和孩子們一起想著每一位老師，一邊用三行詩表達感激。事後傳教士寫下感想，「（或許是第一次）度過很有意義的教師節」，讓我們久久不忘。

想要長久留在某人的記憶中嗎？試試用三行詩重新詮釋對方的名字，你就會成為特別的人，被對方記在心裡。我們都可以運用三行詩獲得好感，用溫暖的心和機智柔化關係，增加彼此的親密感。

三行詩該怎麼創作？

❶避免求好心切

很少有人一開始就做得很好，但只要經常練習，實力自然會提高。如果一開始就想做得完美，反而會想太多，錯過最好的表達機會。重點是自己也要樂在其中才能堅持。

❷用心觀察

首先要關心對方，將對方的特色自然地表現出來，透過觀察找出關鍵詞，那會比任何華麗的辭藻都有力量。

❸在積極的表達中醞含意義

不要用開玩笑或是會讓對方成為笑柄的表達方式，那樣可能會造成反效果傷害對方。應該用有正能量的祝福話語，對方會受到感動，也會難忘你這個對他來說特別的人。

以下是我創作過的部分三行詩。

向**心**地善良地老師學習
與**耶**穌的品性相似的幼教部
感謝充滿**智**慧，用上帝的箴言教育

※

不愧是**權**牧師的兒子
順從信仰的老師
我們幼教部也跟您一樣
（與女兒、兒子一同為教會幼教部老師寫的三行詩）

※

真的很神奇，看了他的書之後
我想打破**堅**信不疑的固有觀念，培養以我的標準看世界的力量
（在讀書會以喜歡作家的名字寫的二行詩）

※

能學到**這**豐富的內容和核心戰略真是太好了
以**想**像將模糊的夢境寫成書
我也想**敏**捷地做出決斷、勇敢挑戰
（參加李尚敏寫作研究院一日講座後寫的三行詩）

用提問移轉話語主導權

與經常見面的人對話，話題永遠不會乾涸，關係越親密，故事的素材就越多。相反地，也會遇到某些人是話不投機半句多，在對話中常出現沉默的尷尬關係。當然，如果擁有好的口才和社交能力好，那麼與初次見面的人或上司也能輕鬆交談。但如果本身不是擅長說話的人該怎麼辦？這時就要掌握提問的要領。

在網路上搜尋「聯誼提問」，點擊率達到三百七十九萬次；「聯誼提問列表」的點擊率也有三十三萬次以上。在聯誼時為了給初次見面的異性留下好印象，總是會苦惱「我該說什麼？」或「要問對方什麼問題？」根據某聯誼交友社的問卷調查顯示，在聯誼時為了不中斷對話，最多人會使用的方法就是「對毫不關心的領域假裝很有興趣的提問」（男性占39％，女性占43％）。

當我們對一個人有好感，想進一步了解對方時，就會透過提問來表現，即使是很平凡普通的問題，也能傳達尊重對方的態度，提出平凡的問題，對對方的回答給予特別的反應，是讓關係變親近的祕訣。

「今天的陽光很溫暖，像這麼好的天氣通常會做什麼事呢？」

「最近喜歡看什麼電視節目嗎？」

「喜歡什麼電影？」

「如何紓解壓力？」

就用微小但適切的提問朝對方邁進吧。

贏得好感的五種提問方式

❶ 詢問對方熟悉的主題

可以是對方能暢所欲言的內容、親身經歷過的事、擅長的主題進行提問。就算已經知道了，也可以裝作不知道，讓對方有表達的機會。在聽了對方的話之後，再真心回應：「果然是專家，與眾不同。」「你的說明很清楚，讓我一下子就懂了。」

當人感覺到自己對他人有幫助時，會格外有自信並確立自己的存在感。

❷在對話中拋出問題

即使現在發言權在我身上，是我可以暢談的主題，但比起獨自暢所欲言，邀請對方一起加入對談會更好。例如，說著說著假裝突然想不起來某個重點而詢問，那麼對方會更專注。「有一部類似的電影……叫什麼來著？」「上次我們去過的休息站在哪裡？」提供參與對話的機會，對方也會對你留下好感。

❸用提問邀請在對話中寡言的人

有些人可能比較沒辦法在眾人聚集的場合開懷暢談，給人一種冷漠的感覺，但本意並非如此。這時可以向他提問，以問題引導他加入對話，例如「如果是你會怎麼做？」「你覺得怎麼樣？」但要注意的是問題不應該是只有專家才能回答的難題，盡量找大家都有興趣，可以參與的主題；不需要很有深度或什麼了不起的主題，從美食、休閒娛樂等人人都能分享的主題開始，營造歡笑與輕鬆的氛圍，讓對方不會因為回答而感到壓力，透過一問一答，自然而然就會投入了。

在電視節目《我家的熊孩子》中，主持人申東燁提到了歌手盧士燕的「紫蘇葉事件」，事件源起是盧士燕夫婦與認識的女後輩一起吃飯時，盧士燕的丈夫用自己的筷子幫女後輩把黏在一起的紫蘇葉分開而發生的「事件」，在當時是眾所周知的話題。主持人提出之後，節目來賓們也紛紛發表自己的想法，討論非常熱絡。像這種生活發生的軼事，誰都可能經歷，大家就可以沒有負擔地分享彼此的想法。利用「如果……」來提問，隨時隨地都可以拉近彼此的距離。

❹以提問讓對方可以說想說的話

若想提出好問題，就要從對方的話語中尋找線索。所謂「製造好感的問題」並不是問自己想知道的問題，而是掌握對方想表達的內容、感興趣的主題來進行提問。「看來你經常去旅行，哪裡讓你印象最深呢？」「你有廚師資格證照啊，那像今天這種天氣適合做什麼料理呢？」由對方掛在嘴邊的主題中抽取問題，先表達出很有興趣，然後丟出提問更想了解的內容，對方也會更有興致，分享得更多。

❺像猶太人一樣提問

「上課有沒有認真？」「有沒有跟同學吵架？」「今天上臺報告結果怎麼樣？」

孩子放學回來，我們多半會問這些問題，但猶太父母卻不是這樣。

「今天向老師問了什麼問題？」

不是問父母想知道的話，而是以問題引導孩子掌握主導權發言。

雖然是簡短的提問，但具有強大的力量。猶太父母認為與家人共進晚餐是很重要的事，邊吃飯邊談話，不是父母單方面的訓話，而是有問有答的「哈柏露塔」式對話。不只累積知識，更是可以培養家人之間的親密感，建立安全感的方法。

「提問」代表「關心」對方，將對對方的尊重和關懷以「好的問題」來表現，只要傾聽對方說話，就很容易提出好問題。

「今天穿的衣服有秋天的感覺，有什麼重要約會嗎？」「今天看起來很有精神，有什麼好事發生嗎？」在稱讚之後提出問題，對話的氛圍會比之前更和諧，關係也會更親密，哪怕只有拉近一公分也是好事。請用提問法展開幸福的一天吧。

稱讚也有訣竅

有些人天生就有吸引人的魅力，初次見面就會給人很好的第一印象，一旦對他產生好感，就會一直關注，會傾聽他說話。不僅關注共同的興趣，對於自己陌生的領域也會更想多了解一點，因為希望可以與他有更多共同的話題。在這種情況下，有個最簡單、最有效的方法。

韓國的交友網站（www.echu.co.kr）以一千八百五十九名未婚男女（男性九百三十三名，女性九百二十六名）為對象進行提問，「是否曾對異性發送過好感信號？」，結果顯示平均有82.9％的人（男性占82.2％，女性占83.3％）回答「有」。

男性的「好感信號」中，「極力稱讚」以21.5％的比例躍居第一；女性的第一名則是「笑著不經意地拍拍胳膊或肩膀」的肢體接觸，占24.2％，第二名才是「極力稱讚」，占17.1％。〔《GDnet Korea》，金孝貞，二〇一三年九月三十日〕

沒有人會拒絕別人對自己的稱讚。稱讚不僅能讓聽的人心情變好，還會對說話者產生好感。但重點是要避免過度稱讚，接下來就介紹自然、有效的稱讚方法。

適度稱讚的九個方法

❶具體稱讚對方所關心的領域

如果對方平時對外表很在意、喜歡打扮，就對他說：「最近皮膚變得更好了。」「這件雪紡衫的顏色很適合今天的天氣，胸針也很簡約好看。」「絲巾的顏色很漂亮，要怎麼樣把絲巾綁得好看？」

對於把生活的重心放在工作上的人，就稱讚他的能力吧。「簡報很成功，尤其是比喻用得很好，很有說服力。」「提案書我看了，很不錯，能有那麼多創意的祕訣是什麼？」

關鍵就在說出對方想聽的話，如果再加一個簡單的問題，讓他能夠自信回答，那就是錦上添花了。

❷善用「多虧有你」

如果從對方那裡得到了幫助，不管大或小，都不要吝於用語言表達感謝之意，用「多虧有你」是很好的方法。「多虧了你的好主意，計畫才得以成功。」「多虧了金代理幫忙整理好資料，才能如期完成。」「多虧了組長在會議時給予支持，才能順利得到其他部門的協助。」

不只是下屬，上司也可以是稱讚的對象。階級越高，受到稱讚的機會就越來越少，因為責任越來越重，臉上的笑容也變少了。如果不喜歡喝酒但又希望與上司有良好的關係，不妨找機會稱讚上司，必定能讓他露出笑容。

❸廣為傳頌

稱讚在公開場合進行效果更好。在眾人面前受到稱讚，會讓人滿足感大增，留下美好的記憶。

藉第三者來稱讚也很有效，「部長說這次多虧了朴科長的應變能力，才得以順利簽約。」朴科長聽到這句話心情會如何呢？不管對稱讚自己的部長或是傳達訊息的同事，都會產生親密感。當面稱讚後，在當事人不在場的時候再稱讚一下，對方會更信任你，對你更有好感。

❹用肯定積極的語氣稱讚

「真是個好主意！這樣做果然更好。」

「企畫案內容很豐富，最重要的是能感受到金課長的熱情，期待成功。」

只有用肯定積極的語氣稱讚，才能獲得好感。

當妻子問：「老公，你喜歡吃蔥泡菜，所以我特地親手做了一些，味道怎麼樣？」，丈夫回答：「還不錯。」「不難吃。」這樣並不是稱讚。妻子期待的不是客觀的評價，而是肯定的稱讚。對對方的期待值越高，我們就越吝嗇稱讚，這或許可以說明為什麼孩子長大之後，父母就越來越少稱讚了吧。如果發現和青春期子女的關係漸行漸遠，就找機會時常用肯定的語氣稱讚他們吧。

❺即時稱讚

高大魁梧的熊可以為了「一小塊乾糧」而展現靈巧的特技；海豚因為馴獸師遞

來的「一條小魚」，所以能夠進行精彩的表演。受到稱讚的人，比起稱讚內容的強弱，頻繁的頻率更能產生激勵效果。不要因為過於在意如何表達稱讚而錯過時機，與「如何」一樣重要的是「現在」「馬上」「立即」的稱讚。

❻以稱讚道別，讓人回味

「今天你選的這個地方真是太棒了。回去路上小心。」

「上次你親手做的書籤大家都說很漂亮。有了書籤，更能享受看書的樂趣。我會好好使用的。」

就像擦肩而過一般，自然地將容易被忽略的小細節挑出來，在道別時不忘再稱讚一下，除了互道「下次見」，還會成為對方「想再見面的人」。

❼稱讚家人

「今天看到恩泉幫忙整理收拾乾淨，讓我很驚訝呢！」稱讚對方不如誇獎他的孩子或家人，若能說出孩子的名字，稱讚會更有效果。

❽用文字來稱讚

口頭稱讚是可以立即表達最簡單的方法，但缺點是說完便消失了。可以試試利用手寫信、電子郵件、通訊軟體傳達文字稱讚。沒有人收到寫著稱讚文句的卡片或訊息，看完就隨手扔掉或刪除的，一定會放在身邊或存在手機裡，不時拿出來看，為自己補充能量，也累積對你的好感。

❾要時常稱讚

臨時起意的事通常不會有好的效果，所以平時就需要練習。從今天開始每天練習一次，一週之後，就能自然而然說出稱讚的話語，成為更有親和力的人。

Note

第七章

拒絕和說服的說話法

對身邊親近的人，
我們常吝於說「謝謝」、「你很棒」；
對沒那麼親近的人又很難說「不」。
困難的只有拒絕嗎？說服也一樣。
本章就要為想擺脫這憂鬱日常，
希望為已經更靠近幸福的你，
介紹坦然拒絕、愉快說服的方法。

用三明治溝通法，聰明地拒絕別人

幾年前，某公共企業就業網站以四百二十名上班族為對象進行問卷調查，題目是對於在公司的人際關係中感到最困難的是什麼？結果有36％的人認為最難的是拒絕別人的請求。

在公司這種有階級秩序的組織中，很難拒絕上司的要求，因為會擔心被認為沒有能力，還會擔心影響升遷。很難拒絕同事的請求，因為怕影響人際關係。為了利害關係著想，或是為了避免造成其他不便，只好無條件地回答「Yes」，但是這樣做不僅對個人，對公司來說也會有不利。

我有個同事天生做事明快，加上自己的努力，總是能乾淨俐落地完成工作，無論交付給他什麼任務都能完成、值得信賴，而且誠實又有責任感，直率的個性跟我很合得來，所以我們平常感情還不錯。但是在一次意想不到的狀況中，讓我意外發現與他的距離感。

「我想討論一下準備工作內容，你有時間嗎？」
「不行。」
「我很喜歡上次的設計，這次也可以請你幫忙嗎？」
「不行。」

才剛問完就斷然拒絕的語氣讓人感覺很不舒服，另一方面心裡也不禁會想「我說錯什麼了嗎？」「他是不是生我的氣？」「是不是發生什麼事讓他心情不好？」百思不得其解。因為不知道原因，心裡積聚著滿滿的不悅，「是怎樣，只有他最忙是嗎？」

立即、直率的拒絕方式很容易引起誤會。

當然，對在表達拒絕之意後，也說明了理由，表示實際上很想幫忙，日後如果時間充裕，也會提供協助。「既然願意幫忙，那當時為什麼態度那麼無情呢？」想到當時的感受，只得努力抹去誤會對方而獨自難過的記憶。

經過很長時間的相處，也逐漸了解他這個人的個性後，現在我已不會再誤會了，但還是覺得可惜，擔心他的許多優點被直言不諱拒絕的習慣掩蓋，限制了發展。就算關係很緊密，但「拒絕的方式」仍可能會讓彼此產生距離。就算要拒絕對方，也要先好好聽完對方的要求，表達拒絕時不要讓對方感到不舒服。為了避免誤會，應該明確表達拒絕之意，但切記措詞要和緩。

「我居然會拜託你這種人，我真是看錯人了。」
「這麼快就忘了上次我幫過你嗎？」

拒絕時如果讓對方產生負面情緒，最終蒙受損失的是自己。因此要學習適當拒絕的表現方式並運用到現實中，表達「真的很想幫忙，但我也沒辦法」的遺憾。

日本的人力資源與生活顧問兼作家的中野裕弓表示，一定要「熟練地掌握拒絕的技巧」。接下來會介紹「Yes・No・Yes 三明治話術」，這也是出自她的著作《好感語氣與被討厭的語氣》中的內容。

Yes：「謝謝你的邀請。」首先，明朗地表達謝意。

No：「但是很抱歉，那天父母要來，我得去接他們。」其次，說明「不能去」的理由。

Yes：「希望大家能度過愉快的時光。」最後，帶著笑容給予祝福。

用三階段的三明治話術，不會因對方的要求事項而心煩意亂，可以好好確認並傳達自己的心意。無須強迫自己去做不想做或做不到的事，心裡也會很踏實。

現在就算上司說：「今天大家辛苦了，下班一起去聚餐吧。」，我也能坦然笑著拒絕。

「謝謝邀請，但是很抱歉，因為今天丈夫會比較晚下班，所以我必須回去照顧孩子。改天如果有機會，我一定會參加。」

「部長也辛苦了，謝謝您的邀約，但是很抱歉，孩子還小，約吃晚飯有點不方便，但隨時歡迎邀約一起吃午飯。」

下班回家途中收到阿姨傳來的訊息，表示婆家寄了幾箱自己種的藍莓來，想問問看有沒有興趣買。若是以前，我多半會做個人情說：「我買一箱。」然後分給鄰居朋友，但這次我的回覆不同。

Yes，肯定的反饋：謝謝阿姨告訴我可以便宜購買好吃藍莓的機會。

No，說出具體的拒絕理由：但是很抱歉，就要搬家了，冰箱也必須清空，而且上次爸媽寄來的藍莓還沒吃完呢。

Yes，提出對策：如果明年還有機會我一定會買。

肯定、否定、再肯定，要聰明運用三明治話術，必須記住以下幾點。

第一，在肯定的回應之後，要緊接著表達拒絕之意。如果稍有遲疑，可能就會讓對方誤會你同意了。例如說了「謝謝你的邀請。」後停頓了，對方可能會順勢說：「太好了，你想吃什麼？」或「我們去吃〇〇吧。」這種時候要再拒絕可就難開口了；或是像說了「因為今天丈夫會比較晚下班，所以我必須回去照顧孩子。」後停頓，對方可能會提出「可以帶孩子一起來啊。」來說服你。

第二，拒絕之後，要提出對策。在職場得到認可的人不會隨便說出「不行」「辦不到」這種話。可以說：「現在不行，但是二點會議之後有時間，到時候再聯絡好嗎？」或是「現在負責人不在，無法確認。等他一回來我就請他馬上聯絡您。」主動提出對策，可以不必為了配合對方調整既定行程，也可以避免斷然拒絕，讓對方留下不負責任或不親切的印象。

第三，即使察覺到對方想提出要求，也不要中途打斷對方的話，先聽對方說完，再真心誠意的表達拒絕及說明理由。否則，對方可能會覺得你一開始就沒打算聽他說話，而感到被忽視。

第四，即使拒絕了，也要對後續進展和結果表達關心。「後來怎麼樣？順利完成了嗎？」雖然不能幫忙，但仍可獲得對方的好感。

肯定、否定、肯定的三明治話術，無論對象是誰、什麼職位，都可以使用。可以同時與對方維持良好關係，又能保護自己。好好練習如何有智慧地拒絕吧。

拒絕的時候努力不要傷了對方的心，那麼珍視我的朋友也會越來越多。

——佐藤綾子

如果不想被拒絕，就要懂得心理學

吃完晚飯稍作休息，這時洗衣機傳來自動運轉結束的聲音，感覺就像是宣告休息時間終了的上課鈴聲一樣。為了讓看電視正入迷的女兒起身，需要一些技巧。

「夏恩，妳可以幫忙把洗好的襪子晾起來嗎？」

「有夏恩的幫忙，媽媽覺得很幸福。」

「把洗好的衣服分類遞給媽媽。」

「洗衣機裡剩下的衣服可以拿出來嗎？」

如果一開始劈頭就命令孩子把衣服從洗衣機裡拿出來，那麼女兒可能會說：「為什麼要我拿？」「我現在還是小孩啊！」但如果只是「幫忙晾襪子」的小小要求，女兒會欣然拍拍屁股站起來，認真幫忙，讓下班後的媽媽減少疲勞。

最近還有一個關於請求的事件。

中國是世界上進口廢棄物最多的國家，今年四月，中國中斷廢棄塑化物的進口，引起全國境內「資源回收大亂」。為了取代「我一個人能做什麼……」，以「由我開始！」的意識行動，我與二名同事共同進行了一項計畫，該計畫入選為京畿道小圖書館協會的公開徵件活動，獲得預算支援。我們透過與城南環境運動協會的合作，具體執行各項策略，其中一項就是「收集牛奶盒」。

為了回收資源能充分再利用，首先要求在家中用畢可回收的容器必須先清洗過再拿出來。透過宣導「一千七百五十個一公升的牛奶盒，即可拯救一棵二十年的松樹」，以書本得到的知識為宗旨開始，活動僅三個月，就有一百多名參與者，共收集了三百五十公斤的回收物；活動開始五個月後，創造了超過六百五十公斤總奇蹟，挽救了十三棵以上的松樹。

如果要求民眾「不准用紙杯」，可能會引起反彈，於是改用「用過的紙杯，請沖洗乾淨再回收」，並以「一個不嫌少，收集在一起就有意義」的口號，帶著開朗表情加上肯定的語氣，讓民眾在沒有負擔的情況下參與。

把牛奶盒洗得乾乾淨淨再拿來的人，則贈送衛生紙並拍照留存，貼在臨時製作的海報牆上，寫下參與者的姓名。「哇，洗得真乾淨。短短時間就收集了這麼多啊！」稱讚與認同讓民眾的參與度更加提高。

因為害怕被被拒絕所以不敢提出要求嗎？就算一個人也能完成，但能力還是有極限。不管是在職場或家庭，我們每天都會需要拜託別人好幾次。接下來就介紹一些戰略，幫助你不容易被拒絕。

心理學認證，提出要求不易被拒絕的六種方法

❶先從小事開始提出要求，消除對方的反感

一開始就給別人太大的負擔，很容易被拒絕。作家內藤誼人在著作《只是改變了一個語氣》中寫道，在拜託別人時若說：「只有這樣……」時，對方答應的機率會比較高。因此我們用拜託的語氣說：「只要襪子就好」「一個牛奶盒也行」「一天一個也沒關係」，降低執行的因難度，消滅對方的排斥感。

亞利桑那州立大學的羅伯特・齊阿爾迪尼（Robert B. Cialdini）教授做了個實驗，走訪某中產階層社區，向八十四戶進行募款。當他說：「我來自美國癌症協會，希望您可以慷慨解囊，哪怕是一分錢也可以。」有58.1％的人捐錢，平均捐款金額32.3美元；然而，若少了「哪怕是一分錢也可以」這句話，只有32.3％的人捐款，平均捐款金額為20.74美元。

❷分階段拜託以尋求同意

對方同意接受瑣碎的請求後，再提出進一步要求，通常也會應允。人為了維持一貫性，會對自己的行為負責並承擔責任。

這可以從心理學家喬納森・弗里德曼（Jonathan Freedman）和斯科特・弗雷澤（Scott C. Fraser）的研究中出現的「登門效應」（Foot in the door Technique），即階段性要求法中一窺究竟。

這兩名心理學家進行了實驗，要求兩個社區的居民，讓他們在自家庭院插一個幫助貧困兒童的立牌。在第一個社區，研究人員一開口就直接提出插立牌的要求，結果只有不到10％的居民同意。在第二個社區，研究人員則是先請居民在「同意幫助貧困兒童」的連署書上簽名，第二天再度拜訪，提出插立牌的要求，結果得到90%以上的同意。

❸告知明確的目標，激發動力

拜託對方時，要明確告知目標，如果只是提出請求，對方可能很難爽快地答應，因為沒有給予動力。如果在請求的同時告知目標，可以激發對方的熱情，賦予動機，對方也會期待成果，自然會展現積極參與的一面。

❹笑容和小點心可以敞開心扉

若要拜託別人幫忙，就親自去拜訪，帶著笑容面對面提出要求，會比打電話更有效。可以邀請對方到辦公室來，提供茶點招待，讓對方感覺受尊重，心情自然會很愉悅；笑著遞給對方一杯熱茶、一塊蛋糕，可以讓對方敞開心扉，請對方吃飯再提出要求，得到同意的機率也比較高。

❺提供選項，讓對方沒有機會拒絕

「打針要打在右臂？還是左臂？」

「老公，你要拿回收物去丟？還是幫孩子們洗澡？」

這是育兒經驗老道媽媽們的必勝提問法。

這種方法用在其他情況也很有用，可以明確傳達需要對方協助的意思。要領就是提出兩種以上的方案讓對方自己選擇，這樣對方不會因為被強迫而感到不快，加上是自己選的，所以願意盡責完成。

❻先稱讚再拜託

聽到稱讚任何人都會開心。因為受到稱讚我，感覺就該提供幫助。有一位充滿活力的同事，無論何時提出各種要求，總會義不容辭地幫忙，每次看到他都會讓我反省自己，是一位值得學習的前輩，見到他時自然忍不住稱讚。

「哎呀，我最怕聽到稱讚了，怕妳又要我幫什麼忙。」雖然這麼說，但他臉上沒有一點不高興的樣子。**稱讚會變成潤滑劑，可以維繫彼此和諧的關係，對方也樂於提供幫助**。

將數字行銷法結合於日常

根據《二〇一七年國民閱讀調查》結果顯示，韓國成年人閱讀比例為59.9%，也就是說每十個成年人中，有四人在一年之內連一本書都沒看。為了迎接「閱讀之年」，次年的一月二日，我與幾位同事一起成立了讀書會，名稱為「Book next」。

大部分成員都是有心但沒有時間、沒有習慣而很少看書的害羞上班族。因此，為了養成閱讀的習慣，我們制定「一百天內每天最少看二十頁」以及「每看一頁就捐十元」兩項規則。公益閱讀讀書會每月以接力方式成立，累計會員超過上百人。許多人的包包裡多了本書，也有人開始利用午餐時間看書。有十多名會員原本一年讀不到十本書，竟也努力完成了閱讀馬拉松的「全馬」(四十二．一九五公里，等於八千四百三十九頁）壯舉。我們仿效城南市正在進行的閱讀馬拉松（一頁換算為五公尺）活動辦法，總共看了三十四本平均二百五十頁的書。

二〇一八年四月，由於垃圾問題和霧霾，口罩成為外出必需品，韓國國民對環境問題非常關注。培養閱讀習慣的職業婦女們再次聚首，以「『Book next』書，下一步。閱讀吧！改變吧！分享吧！」為口號，與孩子們一同成立了「青少年採訪團」，藉由閱讀增進對環境問題的認識、探索解決方法、制定實行策略，不斷進行溝通。

基於「一千七百五十個一公升的牛奶盒，即可拯救一棵二十年的松樹」的效果，於是定下「五個月拯救十二棵樹」的目標。雖然只是始於五名職業婦女的計畫，但最後還是做到了。共有一百六十多人參與，並且比預定時間提前十天達成目標，救了十三棵以上的樹。而一同參與活動的孩子們，在十一月初的「青少年環境活動實踐發表大會」上獲得了「城南市長獎」的榮譽。

為了説服對方、激勵對方以實踐行動，就應該加入具體的數字，用有意義的數字進行説明會比較容易説服別人。例如「相當於四十二・一九五公里的八千四百三十九頁」以及「一千七百五十個牛奶盒就能拯救一棵松樹」，在提出數字具體化目標的同時，還具有傳達價值的效果。

對於懷疑是否會成功或猶豫的人，將進行中的成果數值化再提供給他們，也會很有效果。當我們將以一週為單位統計的閱讀量及資源回收數量，與其他會員分享之後，部分意興闌珊的會員們也都受到刺激，出現了積極的成果。

提出目標會讓人有挑戰的動力，但如果目標定得過高，反而會令人卻步。所以可以用「每天看二十頁」「每看一頁捐十元」的方式，將目標切分成一小塊一小塊，比較沒有壓力，也較容易達成。

如果只憑「要養成閱讀的習慣」「做好資源回收分類」這些口號是不夠的，要想在短期內取得成果，就要利用數字將目標具體化。

在對話中加入數字，對改變孩子的行為也很有效果。

「夏恩，從今天開始跳繩。最終目標是每天五百下，不過今天是第一天，就先跳二百五十下，然後一天增加五十下。」女兒雖然不喜歡運動，但基於好勝心也沒放棄，甚至超出目標。第二天多跳了一百多下，而且「交叉跳」也從一下增加到四下。

與其命令孩子「少看電視」，不如告訴他們「只看二十分鐘」，孩子比較可能會遵守。與孩子立下約定時，善用數字說話，那麼提高嗓門的情況就會減少。

用數字說話具有說服力，還可以從牙膏廣告中看出來。為了吸引消費者購買，某牙膏品牌將自家產品與其他品牌進行比較，以數字說服消費者。

- 「2080」（注），象徵健康牙齒的國民牙膏
- 99.9%可有效去除牙菌斑
- 連續使用三個月有效改善3.6倍
- 消除口臭拉近距離46公分
- 臨床實驗證實可抑制牙結石達93%
- 問卷調查結果顯示，93%的消費者表示有效
- 連續使用五天即可有效預防75%的初期牙齦疾病症狀

在日常生活中，我們被頻繁使用數字的信息說服，這就是數字行銷（Neumeric Marketing）。

《設計壟斷》的作者朴容厚表示，「數字限定了某個對象的狀態和感覺，將感性

注：韓國知名牙膏品牌。

的認知量化，優點大於缺點，在行銷方面也應努力數值化。」

統計是在專業知識或資訊不足時，為了不後悔所做的決定，減少實行錯誤時易於信賴的訊息。「○○手術已達到五百例」，像這樣的文句會讓訊息不足的患者和家屬信任醫療團隊。「上市一個月就突破了二十萬杯」，會激發人們的好奇心進而去購買。

如果想說服對方，就要養成在日常生活中使用數字說話的習慣。

數字行銷結合日常生活的三種方法

❶使用能夠包含與主題相關明確含義的數字來提高認知度

每月四日是「安全檢查日」。為什麼是四日？因為數字「四」普遍被視為不吉的數字，容易記住。

❷職場的溝通語言是數字

用可測定數值組成的成果指標，達成機率較高。例如要求回覆電子郵件時，比起「ASAP」（盡快）「今天為止」的表述，加入數字，例如「○號○○點前」效果較好。因為像「ASAP」「今天為止」等表述可以主觀解釋，「今天」的標準因人而異，有人認為是今天下班前，便會在上班時間努力完成；有人認為是到今天午夜為止，所以可能會留下來加班或帶回家做；甚至有人覺得反正明天還是要上班，乾脆明天再處理就好。

若是明確地以「○○點之前回覆」來表述的話，在時間限制之內收到回覆的機率就比較高。

加上數字，會給人更專業、更慎重的印象。以來源明確、可信任的根據表達「收益率將增加30％」，這樣進行報告，會讓主管認可你是個有能力的員工。

❸發表時多使用「三」這個數字

「解決○○問題的三項建議如下……」

「我主張……是基於以下三個原因。」

數字「三」是說服對方的魔法數字。

你的語氣盛裝你的態度

「老師熱情洋溢，能讓人感受到巨大的能量。」
「果然名不虛傳，充滿熱情，老師正是我想找的人。」
「我們想邀請您來〇〇〇。」
「老師發表的時候我是評審，對您印象很深刻，所以與您聯繫。」

以上是最近認識的人對我的印象，他們從我的語氣中感受到「熱情」，並且對我產生「信賴」，表現出「好感」。

有趣的是，他們都是相關領域的專家，而我在他們的專業領域可說是毫無經驗。雖然與他們相比，我的知識和經驗不足，但他們依然把我的話記在心上。意外得到他們的稱讚，也得以獲得超出期待的幫助。初次見面就能獲得他們信任，並非因為我有出色的口才和實力，而是「我可以做到」的積極想法成為了能量，並還用「充滿熱情的語氣」表達的結果。

說話熱情的人比不熱情的人更關心。他們的話中洋溢著活力，會乘著空氣感染旁邊的人。因為話中有確信，所以動作也很有力。如果說話的人聲音和表情充滿自信，聽著自然就會信賴。說話的人把自己的想法用確信的聲音傳遞出來時，必然會有支持響應者。

上一段是《贏家的對話》一書作者李瑞貞的話。

在職場中，因為凡事都需要合作，所以會遇到很多人。其中有如寶石般特別亮眼的同事，總是會伸出援助的手，積極向前邁步，他們身上永遠充滿正面的氣息。與他們一起夢想未來、見證充滿熱情擘畫的事一一實現，令人感到驚奇不已。熱情的話語打動我們的心，讓我們行動起來，創造改變環境的奇蹟。能夠和這些帥氣的人一起工作，這種機會非常珍貴而值得感謝。

帶著熱情說出的話語能夠將人串連起來，因為那些話語具有強大的吸引力、親和力；在互相幫助的過程中，可以親身體驗到奉獻、關懷、感謝和喜悅。

工作多也是種福氣，可以從中找尋能讓人產生熱情的部分，有了熱情就會喜愛。反過來說，喜愛的事物也會引發熱情，當你將這種熱情傳給對方時，福氣也就跟著來了。

「前輩總是看起來很開心，你平常如何排解工作壓力？」

「我的工作壓力是透過工作來緩解的。」

這是與即將調單位的後輩一起吃飯時被問到的問題。老實說我從沒想過，但在當下卻可以毫不猶豫地回答。對於從職場下班的同時等於是回家上班的職業婦女來說，一個人的時間是很珍貴的；若是子女年幼，那麼要享受自己的興趣愛好根本就是奢侈，比起興趣，抓緊時間補眠還比較實在。我很幸運的是，在工作的時候也很開心，工作就是種享受，讓我上班時可以幸福又充滿熱情。

✦聰明管理熱情✦

職場是工作的地方，而工作不可能全都令人愉快，就算再怎麼喜歡工作，如果工作量太大，還是會造成壓力。在職場中就像每天要坐好幾次雲霄飛車一樣，有苦有樂。無論多麼辛苦，遇到做什麼都不順的日子，也要記住美好的那些瞬間。要把焦點放在感謝和幸福的時刻，為自己充電。

回想一下學生時代，因數學考不好而整天抓著數學課本是很痛苦的一件事，沒有自信，學習效率也不會因此變高。相反地，遇到成績好或感興趣的科目，唸書會很開心，也比較沒有壓力。如果得到要好的同學或喜歡的老師認可，辛苦和疲勞會一下子就消失。我就是這樣輪流唸成績好的科目和不好的科目，藉此培養坐在書桌前的耐力，度過了高三考生的生活。

好好檢視交付給自己的工作，在如潮水般湧來的許多工作中，區分出自己可以做得好、覺得有趣、討厭和困難的工作。困難和重要的工作，就集中在比較專注的上午處理。若遇到阻礙就暫時擱下，先做其他簡單、可快速處理的事，冷靜一下頭腦，可以提高工作效率。投入其他工作會產生能量，激發新的創意，進而享受工作的樂趣，這種經驗任何人都該擁有、經歷至少一次。

每當產生「好累，好煩，不想思考」這些想法，就把注意力轉移到職場之外、等著下班、等著放假的上班族，會充滿無力感，對什麼都漠不關心。他們對自己的事和別人的請求都不以為然，因為失去了熱情和關心，不管說話或行動都沒有活力。

前美國總統詹森（Lyndon Baines Johnson）曾在訪問NASA（美國太空總署）時，正好遇到一名清潔工，他問道：

「你在這裡做什麼？」

清潔工毫不猶豫地回答：

「我正在做將太空梭送上月球的工作。」

一個人能做多少事？我們有相當大一部分的工作必須與人合作，你想和哪種人一起工作？你希望合作對象對你有什麼評價？

所謂「物以類聚」，如果想和熱情的同事一起工作，首先自己要成為充滿熱情的人。若想要樂在工作，就要先投入工作。

美國唯一擔任過四屆總統的富蘭克林這麼說過：

「用你的頭腦處理事情，用你的心去打動別人。」

所有的語氣都反映態度，想要與最優秀的夥伴共事，自己的談吐就要有熱情。熱情就從自身開始做起。

國家圖書館出版品預行編目資料

只是跟你講個話,你卻說我不耐煩/房延注著；馮燕珠譯. -- 初版. -- 臺北市：春光出版, 城邦文化事業股份有限公司出版：英屬蓋曼群島商家庭傳媒股份有限公司城邦分公司發行, 2023.10
譯自：그냥 평소처럼 말했을 뿐인데 왜 짜증을 내냐고？(I just said it as usual)
ISBN 978-626-7282-39-7 (平裝)

1.CST: 說話藝術 2.CST: 溝通技巧

192.32　　112015210

只是跟你講個話，你卻說我不耐煩

原著書名／그냥 평소처럼 말했을 뿐인데 왜 짜증을 내냐고？
作　　者／房延注（방연주）
企劃選書人／王雪莉
責任編輯／王雪莉

版權行政暨數位業務專員／陳玉鈴
資深版權專員／許儀盈
行銷企劃主任／陳姿億
業務協理／范光杰
總　編　輯／王雪莉
發　行　人／何飛鵬
法律顧問／元禾法律事務所　王子文律師
出　　版／春光出版
臺北市 104 中山區民生東路二段 141 號 8 樓
電話：（02） 2500-7008　傳真：（02） 2502-7676
部落格：http://stareast.pixnet.net/blog　E-mail：stareast_service@cite.com.tw
發　　行／英屬蓋曼群島商家庭傳媒股份有限公司城邦分公司
臺北市中山區民生東路二段 141 號11 樓
書虫客服服務專線：（02） 2500-7718 /（02） 2500-7719
24小時傳真服務：（02） 2500-1990 /（02） 2500-1991
服務時間：週一至週五上午9:30～12:00，下午13:30～17:00
郵撥帳號：19863813　戶名：書虫股份有限公司
讀者服務信箱E-mail: service@readingclub.com.tw
歡迎光臨城邦讀書花園 網址：www.cite.com.tw
香港發行所／城邦（香港）出版集團有限公司
香港灣仔駱克道 193 號東超商業中心 1 樓
電話：（852）2508-6231　傳真：（852） 2578-9337
E-mail : hkcite@biznetvigator.com
馬新發行所／城邦（馬新）出版集團【Cite (M) Sdn Bhd】
41, Jalan Radin Anum, Bandar Baru Sri Petaling,
57000 Kuala Lumpur, Malaysia.
Tel:（603） 90563833 Fax:（603） 90576622 E-mail:cite@cite.com.my

封面設計／朱陳毅
內頁排版／芯澤有限公司
印　　刷／高典印刷有限公司

■ 2023 年 10 月 5 日初版一刷　　Printed in Taiwan

售價／350元

城邦讀書花園
www.cite.com.tw

ISBN 978-626-7282-39-7